Dr John Coleman

DE CLUB VAN ROME

DE NIEUWE WERELDORDE DENKTANK

ⒸMNIA VERITAS®

John Coleman

John Coleman is een Britse auteur en voormalig lid van de geheime inlichtingendienst. Coleman heeft diverse analyses gemaakt van de Club van Rome, de Giorgio Cini Stichting, Forbes Global 2000, het Interreligieus Vredescolloquium, het Tavistock Instituut, de Zwarte Adel en andere organisaties met thema's uit de Nieuwe Wereldorde.

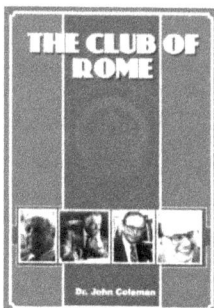

DE CLUB VAN ROME

DE NIEUWE WERELDORDE DENKTANK

THE CLUB OF ROME
The Think Tank of the New World Order

Vertaald uit het Engels en uitgegeven door Omnia Veritas Limited

© Omnia Veritas Ltd - 2023

ⒸMNIA VERITAS₀

www.omnia-veritas.com

De Club van Rome (COR) is de belangrijkste denktank van de Nieuwe Wereldorde, die in Amerika onbekend was totdat Dr. Coleman haar in 1969 voor het eerst ontmaskerde en in 1970 onder dezelfde titel publiceerde. Opgericht in opdracht van het Comité van 300, werd zijn bestaan ontkend tot de viering van de verjaardag van zijn oprichting in Rome 25 jaar later. Het Comité van de Regio's speelt een essentiële rol in alle plannen van de Amerikaanse regering, zowel intern als extern. Het heeft niets te maken met Rome, Italië of de katholieke kerk.

HOOFDSTUK 1 13

ECHO'S VAN DE FRANSE REVOLUTIE 13

HOOFDSTUK 2 18

CROWLEY, PIKE EN MAZZINI 18

HOOFDSTUK 3 22

WAT IS DE CLUB VAN ROME? 22

HOOFDSTUK 4 29

LINK NAAR DE WERELDWIJDE GENOCIDE 29

HOOFDSTUK 5 34

MANNEN ZIJN ALS INSECTEN 34

HOOFDSTUK 6 40

BESLISSINGEN INZAKE BUITENLANDS BELEID 40

HOOFDSTUK 7 44

WAT IS SOCIALISME? 44

HOOFDSTUK 8 51

NATO EN DE CLUB VAN ROME 51

HOOFDSTUK 9 59

EEN TERUGKEER NAAR DE DONKERE EEUWEN 59

HOOFDSTUK 10 67

GEHEIME GENOOTSCHAPPEN HEERSEN ACHTER DE SCHERMEN .. 67

HOOFDSTUK 11 73

NASA EN DE CLUB VAN ROME 73

HOOFDSTUK 12 78

DE WANORDE VAN MONETAIRE SYSTEMEN 78

HOOFDSTUK 13 84

RAMPZALIGE VOORSPELLINGEN 84

HOOFDSTUK 14 91

BEPERKING VAN KERNENERGIE 91

HOOFDSTUK 15 98

ALGEMEEN VERSLAG 2000 98

HOOFDSTUK 16 103

ZWARTE NOBILITEIT 103

REEDS GEPUBLICEERD **111**

HOOFDSTUK 1

ECHO'S VAN DE FRANSE REVOLUTIE

Om de wereldgebeurtenissen te beginnen begrijpen, moeten we ons realiseren dat de vele tragische en explosieve gebeurtenissen van de 20e eeuw niet vanzelf gebeurden, maar gepland waren volgens een vast patroon. Wie waren de planners en bedenkers van deze grote gebeurtenissen?

De bedenkers van deze vaak gewelddadige en revolutionaire omwentelingen behoren meestal tot geheime genootschappen die onze wereld teisteren, zoals ze altijd al hebben gedaan. Meestal zijn deze geheime genootschappen gebaseerd op het occulte en inwijdingspraktijken, maar zoals alle geheime genootschappen die geheime regeringen vormen, worden zij gecontroleerd door het Comité van 300.[1] Slecht geïnformeerde mensen die geloven dat duivelsaanbidding, demonen en hekserij uit de moderne samenleving zijn verdwenen, zijn verkeerd geïnformeerd. Vandaag de dag floreren geheime genootschappen die gebaseerd zijn op het occulte, evenals het Luciferianisme, zwarte magie en voodoo, en lijken ze veel wijder verbreid dan oorspronkelijk gedacht.

---

[1] Zie *The Hierarchy of Conspirators - A History of the Committee of 300*, Omnia Veritas Ltd, www.omnia-veritas.com.

De tolerantie van deze geheime genootschappen in ons midden, waarvan vele leiders zich als christenen voordoen, en onze tolerante houding tegenover deze organisaties en hun leiders zijn de oorzaak van onze nationale en internationale problemen. Alle problemen, alle revoluties en alle oorlogen kunnen onvermijdelijk worden toegeschreven aan een of andere of een combinatie van verschillende geheime genootschappen. Geheimhouding is een probleem, want als geheime genootschappen in het belang van het individu en de staat werken, waarom hebben zij dan zo'n diepgaande geheimhouding nodig om zichzelf, hun organisaties en hun daden te verbergen? Ik herinner u eraan dat de voodoo-praktijk, die aan zwart Afrika wordt toegeschreven, in feite afkomstig is van Jethro, de Ethiopiër. Net als voodoo zijn de meeste occulte praktijken en de geheime genootschappen die daarmee gepaard gaan antichristelijk, en zij verontschuldigen zich daar niet voor, hoewel sommige leden van de vrijmetselarij hun antichristelijke leer proberen te verbergen.

Maar de Vrijmetselaars beseffen dat Christus veel meer was dan een religieus leider. Vrijmetselaars geloven dat Christus kwam om de wereld te veranderen en dat hij zich verzette tegen geheime genootschappen. Daarom keren zoveel geheime genootschappen hun leden tegen het Christendom. Zodra Christus zijn bediening begon, kwam de gnostiek op, in verzet tegen de perfecte idealen van het christendom. Christus waarschuwde de wereld dat wij niet strijden tegen vlees en bloed, maar tegen de krachten van de duisternis en de geestelijke goddeloosheid op hoge plaatsen. Dit betekent dat de kern van onze strijd tegen communisme, marxisme, socialisme, liberalisme en één wereldregering een geestelijke strijd is. Toon me een geheim genootschap en ik toon je een occulte theocratie die Christus haat. Christus zei: **"Ken de waarheid en de waarheid zal u vrij maken."**

Merk op dat Christus de gebiedende wijs gebruikte. Christus had het over mensen die slaven waren van geheime genootschappen - zoals nu - dus gewone mensen die veracht worden door de heersers van occulte theocratieën, die niets aan hen hebben, behalve als dienaren en slaven.

Deze leiders vinden het volkomen normaal om miljoenen mensen te doden die zij als "overtollig" beschouwen. Deze duivelse "doden" filosofie is het Amerikaanse leger binnengeslopen via mannen als Richard Cheney, Donald Rumsfeld, Richard Perle en Paul Wolfowitz. Het is een totaal vreemd concept dat geen plaats heeft in een Republikeinse regeringsvorm. De leiders van kwaadaardige geheime genootschappen bedreigen onze hele beschaving. Enkele van de geheime culten die tegenwoordig zeer actief zijn in onze zaken zijn de gnostiek, de cultus van Dionysus en het onderwerp van dit boek, de cultus van de Club van Rome. Maar ik moet terugkeren naar het uitgangspunt van dit werk, dat te vinden is in de moderne geschiedenis onder de titel "De Franse Revolutie".

Moderne geschiedenisboeken verzuimen te leren dat de zogenaamde Franse Revolutie haar wortels heeft in Engeland, waar een demonist, William Petty, de graaf van Shelburne, de economen Malthus en Adam Smith van de British East India Company (BEIC) opleidde, evenals de massamoordenaars Danton en Marat. Na een verblijf bij Shelburne in Engeland, werden Danton en Marat naar Parijs gebracht om te worden losgelaten op een weerloos en nietsvermoedend Frans volk en de monarchie in een orgie van bloeddorst. Jaren later zou Lord Alfred Milner Lenin loslaten op een nietsvermoedend christelijk Rusland in een bijna exacte kopie van de Franse Revolutie.

De drijvende kracht achter de Franse Revolutie was een

geheim genootschap, de Illuminati, georkestreerd door de vrijmetselaarsloge Qator Coronati in Londen en de vrijmetselaarsloge Nine Sisters (Orient) in Parijs. Een korte geschiedenis van de Illuminati is essentieel om te begrijpen hoe de Club van Rome is ontstaan. Er bestaat geen consensus over de oorsprong van de Illuminati, maar algemeen wordt aangenomen dat zij zijn voortgekomen uit de Rozenkruisers, de zogenaamde meesters van vele geheimen, zoals de Steen der Wijzen, die de Rozenkruisers beweren te hebben ontvangen van de oude Chaldeeën, de Wijzen en het Egyptische priesterschap.

Rozenkruisers beweren dat zij het menselijk leven kunnen beschermen door het gebruik van bepaalde verdovende middelen en beweren ook de jeugd te kunnen herstellen. Zij staan ook bekend als "de Onsterfelijken" en leren dat alle mysteries aan hen zijn geopenbaard. Aanvankelijk stonden zij bekend als de "Onzichtbare Broeders" en later als de "Broeders van de Rozenkruisersorde". Eén tak van de Rozenkruisers noemt zichzelf de Swedenborg Rite of de Stockholm Illuminati. Deze werd in 1881 opgericht door Emmanuel Swedenborg, een meester-vrijmetselaar, wiens handtekening nog steeds voorkomt op de ledenlijst van de loge in Lund, Zweden, waar Swedenborg werd geboren. De Swedenborg Rite is slechts een aanpassing van de Illuminati Orde van Abingdon, opgericht in 1783. De leiders van deze geheime orde waren toen, net als nu, de crème de la crème van het koningshuis, de adel en de high society. Maar de hoofdorde van de Illuminati werd opgericht in Beieren op 1 mei 1776 door een zekere Adam Weishaupt, hoogleraar kerkelijk recht aan de universiteit van Ingolstadt.

Weishaupt was een product van jezuïetenonderwijs, en de Illuminati lijken sterk op de Orde van het Gouden Kruis. Ook hier is het Illuminisme duidelijk verbonden met de

Vrijmetselarij, de Orde der Rozenkruisers, de Tempeliers - of de Franse Orde der Vrijmetselaars. Achter al deze orden stond Moses Mendelssohn, een leerling van de Kabbala, wiens verklaarde doel het was een enkele wereldregering te vestigen - de Nieuwe Wereld Orde. De belangrijkste activiteit van de Illuminati was, en is nog steeds, het voeren van een oorlog tegen het christendom, een strijd die zij voeren door middel van schandelijke beschuldigingen tegen het leven en de leer van Christus. Politiek gezien werken de Illuminati aan de omverwerping van de bestaande orde van alle regeringen, vooral die welke de christelijke godsdienst belijden. De leden zijn toegewijd aan blinde gehoorzaamheid aan hun superieuren en hun geheime, revolutionaire plannen om de Nieuwe Wereldorde te vestigen, die begon met de Franse Revolutie.

De plannen van de Illuminati om de christelijke monarchie van Frankrijk te vernietigen werden ontdekt toen een Illuminati-bode, Jacob Lang, door de bliksem werd gedood terwijl hij te paard revolutionaire instructies aan de Beierse loges gaf. De papieren van Lang vielen vervolgens in handen van de Beierse autoriteiten, en later werd ook een blikken doos met papieren over het aanstaande complot tegen Frankrijk ontdekt. Het Illuminisme werd in Frankrijk geïntroduceerd door de Markies de Mirabeau en overgenomen door de Duc d'Orléans, Grootmeester van de Oriëntaalse Vrijmetselarij in Frankrijk. Ook werd besloten om Talleyrand, een van de meest opmerkelijke figuren van zijn tijd, in te wijden in het Illuminisme. Een van de gruweldaden die leden van de Illuminati-orde uitvoeren is castratie. Janos Kadar, de voormalige dictator van Hongarije, maakte publiekelijk bekend dat hij deze rite inderdaad had ondergaan.

HOOFDSTUK 2

CROWLEY, PIKE EN MAZZINI

Vrijmetselarij noch Illuminisme is uitgestorven. Sommigen in inlichtingenkringen geloven dat beide vandaag sterker zijn dan ten tijde van de Franse Revolutie.

De dood van de wereldleiders van de Illuministen/Metselaars, Guiseppe Mazzini en Albert Pike, betekende geen verandering in de groei en de richting van deze twee organisaties.

Ongetwijfeld zullen sommigen beledigd zijn door mijn verwijzingen naar de Vrijmetselarij. Het is niet mijn bedoeling vrijmetselaars te beledigen. Ik probeer gewoon een nauwkeurig verslag te geven van hoe en waarom bepaalde dingen in de wereld gebeuren.

Amerikaanse vrijmetselaars beweren ten onrechte dat hun vrijmetselarij verschilt van de Europese. Sta mij toe deze fout te corrigeren: De Rozenkruisers, Leon Templer en Jacob Leon, ontwierpen gezamenlijk de Engelse Grootloge van de Vrijmetselarij, evenals haar embleem.

Er is een zeer duidelijk verband tussen de Angelsaksische vrijmetselarij en de occulte Europese vrijmetselarij van de Grote Oriënt. Ik zeg "occult" omdat de grote Duitse generaal Ludendorff het zo noemde. De band tussen de

Europese Rozenkruisers en de Amerikaanse vrijmetselarij is altijd nauw geweest, en is dat ook nu nog.

De drie belangrijkste vrijmetselaars riten zijn:

> De Schotse Rite der Vrijmetselarij die 33 graden heeft.
> De ritus van Mizraïm, of Egyptische ritus, met 96 graden.
> De Oosterse Rite, die in principe wordt gevolgd door de Europese Vrijmetselarij.

John Harker, auteur van *Grand Mystic Temple*, zei:

> *Zo hebben wij Engelsen ons aangesloten bij de Schotse Rite, ons verbonden met de Mizraïm, en nu met de Memphis. In het geval van de eerste hebben wij betrekkingen aangeknoopt met verschillende grote opperraden en de statuten van 1862 herzien in plaats van de valse constitutie van 1786, in het jaar 1884, in de Mizraïm, met de oude lichamen van Napels en Parijs en in de Memphis met Amerika, Egypte, Roemenië en verschillende lichamen die deze Rite bewerken. Wij hebben ook in deze drie Riten buitenlandse charters aanvaard om onze oorspronkelijke bevoegdheden te bevestigen.*

Dit zou een einde moeten maken aan de onjuiste overtuiging die vaak door Amerikaanse vrijmetselaars wordt aangehaald, dat de Angelsaksische vrijmetselarij niets te maken heeft met de Europese. Harker had dit moeten weten, aangezien hij de Grote Mysticus was.

Op 11 november 1912 werd Harker gekozen tot Imperial Grand Master, één graad hoger dan de 96 graad van de Rite of Mizraim. Na zijn dood in 1913 werd hij opgevolgd door Henry Mayer en vervolgens Alistair Crowley, Grootmeester van de 33, 90 en 96 graden. Het is dus duidelijk dat de Amerikaanse Vrijmetselaars een integraal deel uitmaken van de Europese Vrijmetselarij, of zij dat nu weten of niet, en de waarheid is dat de meesten dat niet doen. Crowley was een van de meest beestachtige figuren in de geschiedenis van geheime genootschappen; een man die het beleid van de Club van Rome sterk zou beïnvloeden.

Crowley citeerde graag Malthus en Adam Smith, dienaren van de British East India Company (BEIC), tegenwoordig bekend als het Comité van 300. Beide mannen speelden een hoofdrol in het gezamenlijke streven van koning George III om de Amerikaanse kolonisten te ruïneren door het eenrichtingsverkeer van de "vrije handel".

Malthus en Smith zijn de "favoriete zonen" van het ROC geworden. Het is heel gemakkelijk om het verband te zien tussen de plannen van de BEIC en het huidige beleid van het ROC, in het bijzonder in het "post-industriële nulgroei" beleid van het ROC, gericht op het beëindigen van de industriële dominantie van de VS. De basisreligie van de Club van Rome is de gnostiek en de cultus van de Bogomils en de Katharen. Leden van de Britse monarchie geloven heilig in deze "religies" en over het algemeen kan men stellen dat leden van de Koninklijke familie zeker geen christenen zijn. Het is ook vrij gemakkelijk om het verband te zien met het "Comité van 300".

Crowley zou hebben deelgenomen aan meer dan 150 rituele moorden, een belangrijk onderdeel van de occulte demonologie. De meeste slachtoffers waren kinderen, gedood met een zilveren mes. Deze beestachtige praktijken gaan tot op de dag van vandaag door, wat het grote aantal vermiste kinderen kan verklaren die nooit worden teruggevonden. Crowley wordt nog steeds zeer bewonderd door de ROC hiërarchie, zoals hij dat ook was door verschillende van de leidende Britse figuren in de atoomspionage-affaire.[2] Anthony Blunt, de Queen's Keeper of the Arts (een zeer hoge titel) voordat hij werd ontmaskerd als KGB-agent, was een groot liefhebber van Crowley.

Het komt erop neer dat de vrijmetselarij, vanaf de graad van *Ridder Kadosh,* een permanente opstand is tegen de bestaande orde der dingen en gericht is op de omverwerping van het christendom en de Republiek der Verenigde Staten van Amerika - net als het ROC. Zolang de vrijmetselarij onder ons blijft bloeien, zullen chaos en onrust voortduren, want dat is de bedoeling en het doel van alle revolutionaire geheime genootschappen. De moderne Club van Rome is slechts een voortdurende en ononderbroken opeenvolging van geheime genootschappen die de vernietiging van de vrijheid tot doel hebben, hetgeen is gebeurd in de periode die wij nu kennen als de Donkere Middeleeuwen. Het is daarom veilig om aan te nemen dat het ROC een project van de Nieuwe Wereldorde is - een één-wereld regering ontworpen om een snellere overgang te vergemakkelijken naar de universele slavernij die bekend staat als de Nieuwe Donkere Tijd, onder controle van het Comité van 300.

---

[2] Bewaarder van de kunst van de koningin.

HOOFDSTUK 3

WAT IS DE CLUB VAN ROME?

De naam zelf is gekozen om de onwetenden te misleiden, want de Club van Rome heeft niets te maken met het Vaticaan of de Katholieke Kerk. Terwijl de boosdoeners dag en nacht werken, sluimert christelijk Amerika. Toen ik de eerste editie van dit boek schreef in 1970, wist slechts een handvol mensen in de geheime diensten van het bestaan van dit geheime genootschap, het machtigste ter wereld, in handen van het Comité van 300.

De Club van Rome bestaat uit de oudste leden van de zogenaamde Zwarte Adel van Europa, afstammelingen van de oude families die in de 12e eeuw Genua en Venetië bezaten, controleerden en regeerden. Zij staan bekend als de "Zwarte Adel" vanwege hun gebruik van smerige trucs, moord, terrorisme, onethisch gedrag en Satan-verering - "zwarte" daden. Zij hebben nooit geaarzeld om geweld te gebruiken tegen iedereen die hen in de weg durfde te staan, en dit is vandaag de dag niet minder waar dan in de periode van de 13e tot de 18e eeuw.

De Venetiaanse Zwarte Adel is nauw verbonden met het German Marshall Fund, een andere naam die - net als de Club van Rome - is gekozen om de onwetenden om de tuin te leiden. De Venetiaanse zwarte adel bestaat uit de rijkste en oudste families van heel Europa, waarvan de rijkdom die van bijvoorbeeld de Rockefellers ver overtreft, en zij maken deel uit van het Comité van 300, het machtigste controleorgaan ter wereld. Een van de oudste dynastieën van zwarte Venetiaanse adel is de Guelfe-dynastie. Koningin Elizabeth II is bijvoorbeeld een zwarte Guelfe - haar overgrootmoeder Victoria stamde af van deze familie. Zwarte adel en Europese royalty's zijn prominente leden van het ROC, dat streeft naar de ontbinding van de Verenigde Staten als industriële en agrarische macht. Haar andere doelstellingen zijn niet zo zichtbaar en zijn complexer van aard, dus ik zal beginnen met de details van de speciale conferentie van het ROC en in detail aangeven wat er gezegd is en wie het gezegd heeft.

Als blijk van hun totale minachting voor de verkiezingsoverwinning van Ronald Reagan in november 1980, besloot de groep bijeen te komen in Washington D.C. Volgens de notulen van de bijeenkomst, die in het geheim door een inlichtingenofficier zijn vastgelegd, was de agenda hoe het industriële hart van de Verenigde Staten het best kon worden ontleed en hoe men zich kon ontdoen van wat een afgevaardigde "de overtollige bevolking" noemde. Dit kwam overeen met het plan van Sir Bertrand Russell, zoals openlijk uiteengezet in zijn boek *The Impact of Science on Society*. Andere discussies gingen over methoden om de binnenlandse aangelegenheden van de Verenigde Staten onder controle te krijgen. Aangezien veel van de afgevaardigden tot de oude zwarte adellijke families behoorden of jarenlang voor hen hadden gewerkt, vormden de besproken opruiings- en terreurtactieken een directe uitdaging voor de regering en het volk van de Verenigde Staten.

Het probleem was dat het Amerikaanse volk niets wist van deze bijeenkomst van gevaarlijke satrapen van de Zwarte

Adel, en de media waren niet bereid hen in te lichten over de bedoeling en het doel van het conclaaf. Het was een van de best bewaarde geheimen aller tijden. De conferentie werd geïnitieerd en gefinancierd door het Duitse Marshall Fonds, bestaande uit de kernleden van de Morgenthau planningsgroep van de Tweede Wereldoorlog, zelf gecontroleerd door drie of vier leden van de eerbiedwaardige Orde van Sint Jan van Jeruzalem.

Deze organisatie zat achter het plan om het naoorlogse Duitsland te de-industrialiseren, op te delen en de rest van het land in landbouwgrond te veranderen. De poging om de Duitse natie volledig uit te roeien was het werk van Morgenthau, een zionist en een gewelddadige hater van Duitsland. Het Duitse Marshall Fonds haalde zijn enorme middelen uit de ondernemingen van het Comité van 300 en de internationale bankiers van Wall Street en de City van Londen, dezelfde mensen die de bolsjewistische revolutie financierden die de grootste slavenstaat ter wereld vestigde en leidde tot de gruwelijke dood van miljoenen christenen, zoals de beroemde schrijver Alexander Solzjenitsyn verhaalde. De voorzitter van het German Marshall Fund was David Rockefeller, die sinds hij en zijn familie rijk en beroemd zijn geworden niet vreemd is aan het financieren van revolutionaire groeperingen van alle kleuren en strepen.

Op de agenda van de ROC-conferentie stond onder meer hoe het presidentschap van Reagan, dat de leden van de Club enigszins had verrast, het best kon worden teruggedraaid. De nadruk lag op het blokkeren van het economisch herstel dat door toenmalig kandidaat Reagan was beloofd. Om dit te bereiken werd de afgevaardigden verteld dat de Democratische Partij geradicaliseerd moest worden. Er bestaat niet zoiets als een "Democratische Partij". Er kan geen Democratische Partij zijn in een

Confederale Republiek of Constitutionele Republiek, wat de Verenigde Staten zijn. Er werd gesuggereerd dat de beste manier om de gekozen president Reagan te socialiseren was om de conservatieve leden van zijn inner circle te verdrijven en de Democraten te veranderen in een krachtige antikapitalistische socialistische partij, volgens de lijnen die zijn uitgezet in het Communistisch Manifest van 1848. (De vermogenswinstbelasting werd in 1989 aangenomen, een direct resultaat van de planning van het ROC).

In feite heeft de Democratische Partij sinds 1980 de rol van socialistisch/communistische partij op zich genomen en zou zij "de Socialistisch/Communistische Partij van de Verenigde Staten" moeten heten. Onder de aanwezigen op de bijeenkomst in Washington in 1980 was Anthony Wedgewood Benn, leider van de Britse socialisten en de belangrijkste socialistische strateeg van Fabian. Benn sprak over de taak om hiervoor een uitgebreid rampenplan op te stellen, waaraan hij een voorstel toevoegde voor een "klassenoorlog" tussen Reagan en het Amerikaanse volk. Een maand na hun eerste bijeenkomst keerden de plannenmakers van de Club van Rome terug naar Washington voor een tweede conferentie. De vergadering werd bijgewoond door een afgevaardigde van de zogenaamde conservatieve *Heritage Foundation*, een in Washington gevestigde "denktank", gefinancierd door brouwerijmagnaat Joseph Coors.

Heritage trad vervolgens op als het de facto wervingsbureau voor het presidentschap van Reagan, door een lijst van 3000 namen in te dienen van mensen die zij geschikt achtte voor sleutelposities in de Reagan-regering. De meeste van Heritage's aanbevelingen waren carrière liberalen en socialisten, uiterst links van Marx.

In 1980 werd de Heritage Foundation achter de schermen gecontroleerd door de aartsocialistische Fabius, Sir Peter Vickers Hall, met een achtergrond in de Milner Group (Milner, zoals bekend, was de aanstichter van de wrede genocideoorlog, de Anglo-Boerenoorlog, die werd gevoerd om de controle over goud en diamanten in Zuid-Afrika te krijgen). Andere aanwezige prominente socialisten waren wijlen Willy Brandt, een van de belangrijkste Europese contactpersonen van de KGB, en wijlen Olaf Palme; François Mitterrand, toen werkloos maar binnenkort weer aan de macht in Frankrijk door het Comité van 300; Philip Agee, een afvallige ex-CIA-officier; Bettino Craxi, een vooraanstaande Italiaanse socialist; Michael Harrington van het Institute of Democratic Social Studies in Washington, D. C. en een onbekende Spaanse socialist. C. en een onbekende Spaanse socialist genaamd Felipe Gonzalez, die een tussenstop had gemaakt in Havana om met Castro te overleggen voordat hij naar Washington vloog.

Het ROC heeft Gonzalez benoemd tot zijn gezant voor Nicaragua en El Salvador, en het zou interessant zijn te weten hoe betrokken Gonzalez is geweest bij de oorlogen in Midden- en Latijns-Amerika, waarin Castro een rol heeft gespeeld. Meer dan 2.000 afgevaardigden woonden deze verbazingwekkende bijeenkomst bij, maar deze werd volledig overschaduwd door de media. Het is een eerbetoon aan mijn inlichtingen connecties dat ik binnen drie dagen na de bijeenkomst, in november 1980, in het bezit was van volledige documentatie over deze onheilige bijeenkomst van socialistische leiders. De ROC-afgevaardigden woonden bij wat zij beschouwden als Amerika's begrafenis oratie, en onder de aanwezige Amerikanen - naast Agee en Harrington - waren Jerry Rifkin, Gar Apelrovich van het Institute for Policies Studies (IPS), 's lands meest vooraanstaande socialisten,) Ron Dellums van Californië en

Gloria Steinhem, organisator van de Women's Lib/ERA tegencultuur afgeleid van de geschriften van Madame Kollontei, de communistische leider die in de jaren 1920-1930 door de VS toerde. Samen vormden de afgevaardigden een zo destructief mogelijk team. Veel van de belangrijkste afgevaardigden op de conferentie, naast Palme, Brandt en Benn, waren leden van de Socialistische Internationale die dagelijks vergaderden met ambtenaren van het ministerie van Buitenlandse Zaken, waaronder Cyrus Vance en Henry Kissinger.

Voor het geval u het niet wist, de Socialistische Internationale is een bijzonder gevaarlijke en subversieve organisatie, die de legalisering van drugs en pornografie volledig ondersteunt als "destabilisatie-instrumenten", te gebruiken tegen de Verenigde Staten. De details van de besprekingen zijn nooit openbaar gemaakt, maar volgens aan mij verstrekte documenten was het ROC van plan de Verenigde Staten te isoleren en één enkel kanaal open te laten voor de ergste elementen in het State Department en de KGB. Dit was een situatie die riekte naar verraad en opruiing, om nog maar te zwijgen van de samenzweringsaanklachten die hadden moeten worden ingediend tegen degenen die de twee ROC-vergaderingen bijwoonden.

Blijkbaar was een hele dag gewijd aan de vraag hoe het plan van Lord Russell om de industrie te smoren en de wereld te bevrijden van meer dan 2 miljard "nutteloze eters" het best kon worden uitgevoerd. Er werd besloten de inspanningen te verdubbelen om de bouw van kerncentrales te stoppen en het beleid van nulgroei te bevorderen, overeenkomstig de economische theorieën van Adam Smith en Malthus en de geschriften van Russell (zie mijn binnenkort te verschijnen boek "Nuclear Power").

De Socialistische Internationale (SI) pleit er al lang voor de grote steden te ontmantelen en de bevolking te verplaatsen naar kleinere, beter beheersbare (d.w.z. gemakkelijker te controleren) steden en naar het platteland.

Het eerste experiment op dit gebied werd uitgevoerd door het regime van Pol Pot in Cambodja, met medeweten van Thomas Enders, een hoge ambtenaar van het Amerikaanse ministerie van Buitenlandse Zaken.

HOOFDSTUK 4

VERBAND MET DE WERELDWIJDE GENOCIDE

De Club van Rome was, net als de SI, sterk anti-nationaal en was voorstander van de onderdrukking van wetenschappelijke ontwikkeling in de VS, Groot-Brittannië en Europa, en meer recentelijk in Japan. De COR zou banden hebben gehad met terroristische organisaties zoals de Rode Brigades.

Deze maatregel werd uitgevoerd via aarts-socialist Bettino Craxi, een voormalig leider van de COR en een man die bij de Franse en Duitse inlichtingendiensten bekend stond om zijn contacten met de Bader-Meinhoff bende, een beruchte bende misdadigers die banken beroofde en beroemdheden ontvoerde voor losgeld.

Het was Craxi die herhaaldelijk probeerde het besluit van de Italiaanse regering te breken om niet met de Rode Brigades te onderhandelen over de vrijlating van de ontvoerde Amerikaanse generaal Dozier.

Craxi was erg close met Richard Gardner, een leidinggevende van het Comité van 300, en Henry Kissinger. Gardner trouwde in de Luccatti familie, een van de machtigste van de Venetiaanse zwarte adel, eeuwenlang bekend om haar expertise in vuile trucs en terrorisme.

Craxi noch de voormalige Franse president François Mitterrand bekleedden in 1980 officiële functies, maar zoals ik in 1971 in verschillende nummers van *World in Review* (WIR) berichtte, was Craxi voorbestemd om een leidende rol te spelen in de Italiaanse politiek, en zou Mitterrand in Frankrijk opnieuw aan de macht komen - dankzij de Club van Rome.

Deze voorspellingen en die van Gonzalez bleken 100% accuraat. Op 5 december 1980 werd op de vervolgvergadering van de oorspronkelijke CvdR-vergadering in Washington D.C. het *rapport Global 2000* van het CvdR - *een blauwdruk voor wereldgenocide* - goedgekeurd en aanvaard. Het rapport riep op tot de dood van 2 miljard mensen tegen 2010 (vandaar de titel). Er is veel bewijsmateriaal dat dit plan in verband brengt met diverse catastrofale gebeurtenissen in de wereld, zoals de recente rampzalige aardbeving in China.

De tweede conferentie keurde ook het beleid van euthanasie goed om van de groeiende oudere bevolking af te komen, en de afgevaardigden namen enthousiast Russells term "nutteloze eters" over als codewoord om miljoenen mensen te beschrijven die in de ogen van het ROC "overtollig" zijn.

Er zijn mensen die de "ontvolking" van zwarten, Aziaten en andere gekleurde rassen een goed idee vinden. "Er zijn al veel te veel (Aziatische) Indiërs, Chinezen en zwarten," schreef een man mij, "dus waarom bent u ertegen?".

De waarheid is dat niet alleen deze rassen zullen worden afgeslacht; ook "overtollige" industriële werknemers in de VS zijn het doelwit van het Global 2000-rapport. Afgevaardigde na afgevaardigde op de twee CvdRvergaderingen sprak zijn vertrouwen uit in zijn vermogen om zijn plannen met succes te promoten.

De viering van de vijfentwintigste verjaardag, die in december 1993 in Duitsland plaatsvond, was bedoeld om de balans op te maken van wat er tot dan toe was bereikt.

Het was ook een persoonlijke rechtvaardiging voor mij, want toen ik in 1969 voor het eerst het bestaan van het ROC onthulde, werd ik bespot en beschimpt. "Dit hele idee is een verzinsel van je wilde verbeelding," schreef een man. Een ander zei. "Waar is de documentatie voor uw verslag over de Club van Rome?" De bijeenkomst van december 1980 was zo belangrijk dat je zou denken dat de media er alles aan zouden doen om een primeur te krijgen. Maar dat gebeurde niet. De media zwegen over de zaak, zonder enige vermelding in de traditionele pers, op de radio of op televisie. Dit is wat bekend staat als "persvrijheid", de Amerikaanse manier. Het Amerikaanse volk is het meest leugenachtige, het meest medeplichtige en het meest bedrogen volk ter wereld. Wij zijn ook het meest gecensureerde volk - in dit geval censuur door weglating.

Wat wilden de afgevaardigden? Michael Harrington legde uit: "Willy Brandt wil sociale onrust in Europa", en we mogen niet vergeten dat de huidige sociale onrust in Duitsland deel uitmaakt van dat plan. Het is geen toeval. We moeten niet denken dat sociale onrust niet zal gebeuren in de Verenigde Staten.

Het ROC heeft de medewerking gekregen van de meest socialistische regering die Amerika ooit heeft gehad, namelijk de regering Carter, die het Communistisch Manifest van 1848 wilde uitvoeren, zoals we hebben gezien in Carter's buitenlands beleid dat het vuur van de revolutie in Zuid-Afrika, de Filippijnen, Iran, Centraal-Amerika en Zuid-Korea aanwakkerde. De presidenten Clinton en G.W. Bush namen de fakkel over, zoals we zagen in Joegoslavië.

Polen werd gedestabiliseerd door de afzetting van president Gereck, die werd georganiseerd door Richard Gardner, de voormalige Amerikaanse ambassadeur in Rome.

Een van de belangrijkste resultaten van de ROC-vergadering was druk op president Reagan om de dienst van de vertegenwoordiger van de Bank voor Internationale Betalingen in de VS, Paul Volcker, te behouden als hoofd van de illegale Federal Reserve banken. De Federal Reserve is geen instelling van de Amerikaanse regering, goed beschreven door Louis T. McFadden, die het "de grootste zwendel in de geschiedenis" noemde.

Het was Anthony Wedgewood-Benn, een prominente Labourleider in Groot-Brittannië, die aandrong op het behoud van Volcker, ondanks Reagans campagnebeloften om Amerika van de plaag van Volcker te verlossen. Benn geloofde dat Volcker de beste man was om "klassenoorlog" in Amerika te bewerkstelligen. Benn stelde Rifkin aan om Volcker daarbij te helpen, wat volgens hem de Amerikanen zou "polariseren". Het ROC neemt een plan aan om de munt te destabiliseren via hogere en voortdurend fluctuerende rentetarieven.

Ze wilden af van Helmut Schmidt, toen kanselier van Duitsland, omdat hij de internationale rente had helpen stabiliseren. Sir Peter Vickers Hall riep op de rente in de VS te verhogen tot 20% als de beste manier om kapitaalinvesteringen in de industrie een halt toe te roepen.

Volcker was voorzichtig om niet op de ROC-vergadering te verschijnen, maar men vermoedt dat hij werd ingelicht door Hall van de Heritage Foundation. Stuart Butler, die directeur was van Heritage, had het volgende te zeggen tegen de afgevaardigden van het CvdR:

Met de regering Reagan hebben we een rechtse regering die radicaal linkse ideeën gaat opleggen. Er is geen reden waarom communisten, anarchisten, libertariërs of religieuze sekten (hij had het over satanisme, voodoo, zwarte magie, hekserij, etc.) *hun filosofieën niet naar voren zouden mogen brengen.*

Butler stelde voor om de oude socialistische doctrine van "vrije ondernemingszones" op te leggen aan de regering Reagan. Vrije ondernemingszones zijn te vinden in plaatsen als Manilla en Hong Kong, om nog maar te zwijgen van het vasteland van China. Het zijn letterlijk "slavenwinkels".

Butler riep op tot het creëren van vrije ondernemingszones in gebieden waar industrieën waren ontworteld en vernietigd. Butler voorzag de sluiting van staalfabrieken, de sluiting van machinefabrieken en de sluiting van scheepswerven.

De in Hongkong zo gebruikelijke onafhankelijke "industrieën" zouden volgens het postindustriële nulgroeiplan een geschikt werkgelegenheidsmiddel zijn voor mensen die uit de ontvolkte steden zijn verdreven.

HOOFDSTUK 5

MENSEN ZIJN ALS INSECTEN

Ik wist dat weinig lezers aandacht zouden besteden aan deze waarschuwing, geschreven in 1981, een boombelofte onder de regering Reagan. Maar vergeet niet, niemand geloofde de documenten die werden gevonden op het lichaam van Illuminati boodschapper Lange. De gekroonde hoofden van Europa waren niet in de stemming om te luisteren naar "alarmerende rapporten" van de Beierse regering over Illuminati-plannen voor bloedige onrust in Frankrijk! Mensen houden er niet van dat hun rust wordt verstoord. Zoals we hierboven aangaven, vertegenwoordigt het ROC de commandostructuur van de Illuminati en de 13 grote Illuminati families in de Verenigde Staten. Vergeet niet dat het Jacobijnse plan voor de Franse Revolutie de moord inhield op miljoenen "overtollige" Franse onderdanen, met name de Bretonse Keltische christenen die het zwaarst werden getroffen door deze wreedheid. Met dit in gedachten moet de verklaring van Mitterrand op de vergadering van de COR in december 1980 niet licht worden opgevat:

Kapitalistische industriële ontwikkeling is de vijand en het tegenovergestelde van vrijheid.

Hiermee bedoelde Mitterrand dat de industriële ontwikkeling de mensen een beter leven heeft gegeven door samenwerking, d.w.z. industriële ontwikkeling, en dat wanneer mensen een beter leven hebben, zij geneigd zijn grotere gezinnen te stichten. Daarom is de kapitalistische industriële ontwikkeling "de vijand van de vrijheid", eenvoudigweg omdat grote samenwerkingsgebieden (industriële ontwikkeling) geneigd zijn meer van hun natuurlijke hulpbronnen te verbruiken (gecontroleerd door het Comité van 300). Dit was de verdraaide logica achter het beleid van de Club van Rome.

Op een vervolgvergadering van de NRC in Parijs in maart 1982 legde Aurellio Peccei, oprichter van de Club, de volgende verklaring af:

Mensen zijn als insecten. Ze woekeren te veel... Het is hoog tijd om het concept van de natiestaat, die de wereldwijde cultuur in de weg staat, te berechten. Het christendom maakt mensen trots; een mercantiele maatschappij, die alleen dode cultuur en klassieke muziek creëert, benauwende tekens op papier.

Of u het gelooft of niet, mijn artikel is bedoeld als een waarschuwing aan de burgers van de Verenigde Staten: het equivalent van Jacobijnse terreurbewegingen zal te zijner tijd op onze nietsvermoedende natie worden losgelaten. Jacobijnse troepen zullen worden ingezet om radicale veranderingen teweeg te brengen in onze manier van leven in Amerika, veranderingen die wel duizend jaar kunnen duren.

Het beleid van het ROC is om *steeds minder mensen te hebben, steeds minder te consumeren en minder diensten te eisen, met alle mogelijke middelen.* Dit is een complete omkering van onze samenleving waarin steeds meer mensen betere goederen, diensten en levensstijl eisen, wat de essentie is van een productieve samenleving onder een republikeinse regeringsvorm. Veelzeggend is dat Peccei niets zei over de occulte theocratie die zich voordoet als een religie, maar dat niet is, omdat het een politiek en economisch systeem is dat is ontworpen om het leven van de mensen tot in de puntjes te beheersen, zoals we zagen in de bolsjewistische revolutie. Peccei en de Club van Rome zijn de opvolgers van de Franse en bolsjewistische revoluties, de socialisten, de Illuminati en de talloze geheime genootschappen die de Verenigde Staten willen omvormen tot een slavenstaat, die zij eufemistisch een democratie noemen. De Verenigde Staten zijn een Confederale Republiek of een Constitutionele Republiek. Het kan nooit een democratie zijn, een regime dat aan de bevolking wordt opgelegd door een occulte elite met een lange geschiedenis in het vernietigen van vrije samenlevingen.

Zoals onze grondleggers zeiden, *is elke zuivere democratie in de geschiedenis een totale mislukking geweest,* en het was niet hun bedoeling dat de Verenigde Staten zouden eindigen als een mislukte democratie.

De afgevaardigden van de Club van Rome beloofden de plaatsing van Amerikaanse kernraketten in Europa te verhinderen, wat op 5 december 1981 in vervulling ging. Honderden "Jacobijnen" op instigatie van het ROC gingen de straat op in Parijs en Hamburg: er ontstonden rellen en burgerlijke onrust gedurende meerdere dagen en nachten.

Opmerking: De maffia-actie slaagde in 1989. Omdat de Fransman Giscard d'Estaing voorstander was van een nucleaire paraplu voor Europa, ontsloeg het ROC hem en verving hem door de socialist Mitterrand. Een van de belangrijkste adviseurs van Mitterrand was Jacques Attali, een occultist, die geloofde in zelfmoord: *In een democratische samenleving is het recht om zelfmoord te plegen het meest fundamentele van de mensenrechten.* Dit strookt met de overtuigingen van de Peccei dat de mens een soort ongeluk is binnen de schepping en dat de meerderheid van de bevolkingsgroepen in de wereld overbodig is en geen rekening moet houden met hun mening. Dit is het type occulte theocratie dat bloeide in Egypte, Judea en Syrië en vele andere delen van de oude wereld, waarin de cultus van Dionysus zo'n belangrijke rol speelde. Tijdens de vergaderingen van de Club van Rome werd het heel duidelijk dat haar belangrijkste doel en doelstelling was om:

> ➤ de industriële ontwikkeling vertragen,
> ➤ de rem zetten op wetenschappelijk onderzoek,
> ➤ ontvolkte steden, vooral de voormalige geïndustrialiseerde steden van Noord-Amerika,
> ➤ de bevolking verplaatsen naar het platteland,
> ➤ de wereldbevolking met minstens 2 miljard mensen verminderen,
> ➤ de reorganisatie te voorkomen van politieke krachten die tegen de plannen van het ROC zijn,
> ➤ de Verenigde Staten destabiliseren door massaontslagen en banenverlies, en door klassen- en rassenoorlogen,
> ➤ individueel ondernemerschap vernietigen door hoge rentetarieven en hoge belastingen op vermogenswinst.

Nu, voor de sceptici die mijn verslag "bizar" en "vergezocht" vinden, zoals dit werk is genoemd, kijk eens naar de wetgeving die het Huis en de Senaat hebben aangenomen sinds deze groep bijeenkwam in november en december 1980 en opnieuw op 5 december 1981. Het feit dat de media de Amerikanen hebben onderworpen aan intense censuur - hetzij door verzuim, hetzij door opdracht - maakt dit verslag niet onjuist of fantasievol. Er zij aan herinnerd dat toen de samenzweerders van Jekyll Island bijeenkwamen om een coup te plegen tegen ons monetaire systeem in Amerika, die zij later de Federal Reserve Act noemden, niemand ervan wist - de pers dekte de sporen van de bankiers en de onschuldige Amerikaanse natie ging door alsof er niets aan de hand was. Hetzelfde geldt voor de planning van het ROC.

Het uiteindelijke doel van Florence Kelley's wetgevende werk was om Amerika te socialiseren, en het begon met angstaanjagende snelheid vorm te krijgen onder de regeringen van Franklin D. Roosevelt en James Earl Carter. Florence Kelly was een opmerkelijke Fabiaanse socialiste van wie Roosevelt advies vroeg en kreeg dat hem veel van zijn beleidsbeslissingen opleverde. Terugkijkend zien we dat grote delen van ons industriële hartland zijn geplunderd, 40 miljoen industriële arbeiders permanent zijn ontslagen en rassenstrijd aan de orde van de dag is. Er zijn ook talrijke socialistische wetsvoorstellen die de toekomst van dit grote land rechtstreeks in gevaar brengen, landbouwwetten die bedoeld zijn om het land van de Amerikaanse boeren af te pakken, wetsvoorstellen inzake "misdaad" en "onderwijs" die 100% ongrondwettelijk zijn.

Denk niet dat onze regering zal aarzelen om socialistische ondernemingen uit te voeren in de Verenigde Staten, en ze zullen geen buitenlandse troepen nodig hebben om deze plannen uit te voeren. Europa en de Verenigde Staten worden gedecimeerd door drugs, seks, rockmuziek en hedonisme. We verliezen ons cultureel erfgoed, zo veracht door Aurellio Peccei. De Amerikaanse hiërarchie is 's werelds grootste onruststoker. Sinds het einde van de Tweede Wereldoorlog zijn wij verantwoordelijk voor het destabiliseren van landen en het vernietigen van hun karakter en nationale identiteit. Kijk naar Zuid-Afrika, Zimbabwe (voormalig Rhodesië), Zuid-Korea, de Filippijnen, Nicaragua, Panama, Joegoslavië en Irak, om maar een paar landen te noemen die door de Verenigde Staten zijn verraden.

HOOFDSTUK 6

BESLISSINGEN INZAKE BUITENLANDS BELEID

Wij, het volk, zijn uitgesloten van de regering; we worden genegeerd en ons lot ligt in handen van de wapenhandelaars en degenen die geen respect hebben voor de Grondwet - abortusplegers, babymoordenaars, socialistische machtswellustelingen en allerlei hedendaagse profiteurs. De gemene deler, gemakkelijk te vinden in alle oude en moderne occulte theocratieën, is bloeddorstigheid.

Als we naar de geschiedenis kijken, zien we dat de bladzijden van de geschiedenisboeken bevlekt zijn met het bloed van de martelaren van het christendom, van fatsoenlijke republikeinse representatieve regeringen. Deze echte holocausts worden nauwelijks herdacht, laat staan herdacht. De Club van Rome heeft een Amerikaanse afdeling, die elk jaar sterker wordt. Hier is een lijst van haar leden:

> ➢ **William Whipsinger.** Internationale Vereniging van Machinisten
> ➢ **Sir Peter Vickers Hall.** The Heritage Foundation Backstage Monitor

> **Stuart Butler.** Fondation du patrimoine[3]
> **Steven Hessler.** Fondation du patrimoine
> **Lane Kirkland.** *Algemeen directeur van de AFL CIO*
> **Irwin Suall.** M16 en ADL agent
> **Roy Maras Cohn.** Voormalig adviseur van wijlen Senator Joe McCarthy.
> **Henry Kissinger.** Geen behoefte aan een introductie
> **Richard Falck.** Princeton Universiteit (gekozen door het ROC om oorlog te voeren tegen Zuid-Afrika, Iran en Zuid-Korea)
> **Douglas Frazier.** United Auto Workers Union
> **Max Fisher.** United Brands Fruit Company
> **Averell Harriman.** Deken van de Democratische Partij, socialistische vertrouweling van de Rockefeller familie.
> **Jean Kirkpatrick.** Voormalig VS ambassadeur bij de VN.
> **Elmo Zumwalt.** Admiraal, US Navy
> **Michael Novak.** American Enterprise Institute
> **Cyrus Vance.** Voormalig Staatssecretaris
> **April Glaspie.** Voormalig ambassadeur in Irak
> **Milton Friedman.** Econoom
> **Paul Volcker.** De Federal Reserve Banken
> **Gerald Ford.** De voormalige president
> **Charles Percy.** Voormalig senator van de Verenigde Staten
> **Raymond Matthius.** Voormalig Senator van de Verenigde Staten
> **Michael Harrington.** Lid van de Fabian Society

---

[3] Heritage Foundation, NDT.

- **Samuel Huntington.** Hoofdplanner van de vernietiging van de naties waar het ROC het op gemunt heeft.
- **Claiborne Pell.** Senator van de Verenigde Staten
- **Patrick Leahy.** Verenigde Staten Senator

Dit is zeker geen volledige lijst van de leden van het ROC van de Amerikaanse afdeling. Weinigen beschikken over de volledige lijst. De Club van Rome is een belangrijk internationaal orgaan voor buitenlands beleid van het Comité van 300.

Het is de uitvoerder en toezichthouder van de besluiten van het Comité op het gebied van het buitenlands beleid. De NRC ontvangt financiële steun van het German Marshall Fund, dat niets met Duitsland te maken heeft, een naam die is gekozen om een illusie te creëren. De leden van het German Marshall Fund zijn onder andere:

- **Milton Katz.** Ford Stichting
- **David Rockefeller.** Chase Manhattan Bank
- **Russell Train.** Voorzitter, Wereld Natuur Fonds, Aspen Instituut.
- **James A. Perkins.** Carnegie Corp, een tak van de Carnegie Trust van het Verenigd Koninkrijk en de Society of Friends (Quakers).
- **Paul G. Hoffman.** Ontwerper, Plan Morgenthau, New York Life Insurance Co.
- **Irving Bluestone.** Uitvoerende Raad van de Union des travailleurs de l'automobile
- **Elizabeth Midgeley.** CBS Producent
- **B.R. Gifford.** Russell Sage Stichting
- **Willy Brandt.** Voormalig voorzitter van de Socialistische Internationale
- **Douglas Dillon.** Voormalig minister van Financiën

van de VS.
➢ **John J. McCloy.** Harvard Universiteit, supervisor van het Morgenthau Plan...
➢ **Derek C. Bok.** Harvard Universiteit
➢ **John B. Cannon.** Harvard Universiteit

Hier volgt een korte samenvatting van de doelstellingen van het German Marshall Fund, dat de NRC-bijeenkomsten in Washington D.C. sponsort. Het is een fervent voorstander van de vestiging van het socialisme in de hele wereld. De belangrijkste leiders zijn afkomstig uit de voormalige zwarte adel en de Europese aristocratie. Hun politieke doelstellingen zijn de invoering in de regering van alle ergste kenmerken van autocratie, theocratie en occulte theocratie.

De vernietiging van de nationale identiteit en soevereiniteit van naties is een van hun hoofddoelen. Er zijn letterlijk honderden van hun agenten in Amerikaanse regeringen op lokaal, staats- en federaal niveau.

Men hoeft alleen maar naar de staat van dienst van tientallen leden van het Huis te kijken om te zien hoe ver het German Marshall Fund het algemene plan om de Verenigde Staten te socialiseren heeft bevorderd. Mensen vragen me, "Waarom stoort het socialisme je?"

Het antwoord is: omdat het socialisme het gevaarlijkste van de "ismen" is waarmee de westerse beschaving wordt geconfronteerd. Het is in feite sluipend communisme.

HOOFDSTUK 7

WAT IS SOCIALISME?

Zoals een van de leiders van het Fabian socialisme ooit zei:

"Socialisme is niets anders dan de weg naar communisme en communisme is niets anders dan socialisme met haast."

Het Amerikaanse volk zal het regelrechte communisme niet accepteren, dus is het nodig de argeloze massa's te voeden met doses socialisme totdat het communisatieproces is voltooid.

In het geval van het ROC gebruikten zij hardcore socialisten als wijlen Willy Brandt, de voormalige Duitse socialistische president, en John J. McCloy, die lid waren van het heiligdom van de Morgenthau Groep.

Na de Tweede Wereldoorlog was McCloy de "hoge commissaris" van een verslagen Duitsland en lobbyde hij hard om er een niet-geïndustrialiseerde herdersnatie van te maken.

Daarbij werd hij enorm geholpen door Leslie Gelb en Jimmy Carters minister van Buitenlandse Zaken Cyrus Vance, beiden zeer toegewijde socialisten. Gelb en Vance werkten onvermoeibaar om de Verenigde Staten te benadelen tijdens de langdurige SALT-onderhandelingen.

De dominerende interne groep van de Morgenthau Planning Commission, die lid is van het German Marshall Fund, bestaat uit de volgende personen:

> **Averell Harriman, Brown Bros, Harriman, Wall Street bankiers.**

Harriman is de belangrijkste Amerikaanse functionaris die probeert de Sovjets te laten toetreden tot de één-wereldregering, maar Stalins verzet en wantrouwen tegen de door de VS geleide nieuwe wereldorde blijft sterk en hij weigert.

> **Thomas L. Hughes**

Partner van Brown Bros. Harriman. Ontwerper van het Morgenthau plan.

> **Robert Abercrombie Lovett**

Een partner in Brown Bros. Harriman en een ontwerper van het Morgenthau plan.

> **Prins Bernhard der Nederlanden**

Een leidinggevende van Royal Dutch Shell (een van de belangrijkste bedrijven van het Comité van 300 en oprichter van de Bilderberggroep).

> **Katherine Meyer Graham (nu overleden)**

Doyen van de gevestigde pers, hij was lid van de familie Meyer en een vriend van Bernard Baruch en president Wilson. Zijn vader zou obligaties uit de Eerste

Wereldoorlog hebben vervalst en de miljoenen dollars van de valse obligaties hebben gehouden. Hij werd nooit vervolgd.

Graham's man stierf onder zeer verdachte omstandigheden. De inlichtingendiensten geloven dat hij is vermoord en dat zijn vrouw een rol speelde in de affaire, maar er is nooit iets bewezen. De familie Meyer controleerde de enorme investeringsbank Lazard Frères.

> **John J. McCloy**

De controleur van meerdere ondernemingen van het Comité van 300 verbonden aan de Europese royalty's waarvan hij financieel adviseur is.

> **Professor Samuel Huntington**

Een fervent zionistisch-socialist die betrokken was bij de val van de meeste rechtse regeringen waarop het Comité van 300 zich in de naoorlogse periode richtte.

> **Joseph Rettinger**

De jezuïtische socialist die Bilderbergleden rekruteerde en introduceerde bij de Harriman Groep, werkte ooit voor Winston Churchill. Rettinger zou de man zijn die Clinton rekruteerde als een potentiële toekomstige socialistische leider en hem vervolgens overdroeg aan Pamela Harriman om hem klaar te stomen voor een hoge functie. Rettinger's plan was om van Polen, Hongarije en Oostenrijk een Jezuïetenstaat van Centraal Europa te maken, maar het naoorlogse plan werd niet goedgekeurd door het Comité van 300.

De meeste leden van de zwarte adel en het Europese koningshuis zijn door huwelijk verwant aan Britse oligarchische families die teruggaan tot Robert Bruce, die de Schotse Rite der Vrijmetselarij stichtte. Neem bijvoorbeeld Lovet. Hij is nauw verbonden met McCloy.

Beide mannen waren goed bevriend met de families Auchincloss en Astor, die nauwe betrekkingen onderhouden met de Britse, Nederlandse, Deense en Spaanse "adel". De Radziwills en Zbignew Brzezinski, Carter's nationale veiligheidsadviseur, werkten ook met deze groep samen. Allen zijn dienaren van het Comité van 300. In de groep van Royal Dutch Shell zat Sir Bazil Zaharoff, de vroegere voorzitter van Vickers Arms Company, het Britse wapenbedrijf dat miljarden verdiende door munitie te leveren voor de bolsjewistische revolutie, de Eerste en Tweede Wereldoorlog. De familie van Sir Peter Vickers Hall, (achter de schermen controleur van de Heritage Foundation in Washington D.C.), was erfgenaam van dit enorme fortuin. De persoonlijkheden die de Amerikaanse afdeling van de NRC controleren zijn de volgende:

> Jean Kirkpatrick,
> Eugène Rostow,
> Irwin Suall,
> Michael Novack,
> Lane Kirkland,
> Albert Chaitkin,
> Jeremy Rifkin,
> Douglas Frazier,
> Marcus Raskin,
> William Kunsler.

Deze waardige vertegenwoordigers behoeven geen

introductie. Zij zijn socialistische leiders van groot belang in de oorlog voor de socialisatie van de Verenigde Staten. De medewerkers in de strijd om de republikeinse regeringsvorm van de Verenigde Staten omver te werpen, zijn de volgende:

- Gar Apelrovich,
- Ben Watenburg,
- Irving Bluestone,
- Nat Weinberg,
- Sol Chaikan,
- Jay Lovestone,
- Mary Fine,
- Jacob Shankman,
- Ron Dellums,
- George McGovern,
- Richard Bonnett,
- Barry Commoner,
- Noam Chomsky,
- Robert Moss,
- David McReynolds,
- Frederik von Hayek,
- Sidney Hook,
- Seymour Martin Lipsit,
- Ralph Widner.

Bovengenoemde personen waren aangesloten bij diverse socialistische organisaties, zoals de afdeling Internationale Zaken van de AFL-CIO, het Cambridge Institute of Contemporary Studies, het Institute of Political Studies, de Automobile Workers' Union en de International Ladies' Garment Workers' Union, die nauwe banden heeft met het Fabian-socialisme.

Von Hayek staat hoog aangeschreven bij conservatieven,

die hem tot hun favoriete econoom hebben gemaakt. Senatoren George McGovern en Ron Dellums hebben beiden in het Amerikaanse Congres gezeten.

Enkele van de socialistische publicaties van bovengenoemde personen zijn:

➤ *The New Republic* - Richard Stuart en Morton Condrake

➤ *The Nation* - Nat Hentoff, Marcus Raskin, Norman Benorn, Richard Faulk, Andrew Kopkind

➤ *Dissent* - Irving Hall, Michael Harrington *Commentaar* - Carl Girshman

➤ *Het werkdocument voor een nieuwe samenleving* - Marcus Raskin. Noam Chomsky, Gar Apelrovich, Andrew Kopkind, James Ridgway.

➤ *Vraag* -- Nat Hentoff

➤ *WIN* - Noam Chomsky

Met zoveel niveaus in zijn hechte gelederen kan het nuttig zijn de Club van Rome te zien als een reusachtige socialistische denktank. De manier waarop de COR tot stand kwam is zeer interessant.

[4]Toen de Club van Rome bepaalde aspecten van zijn programma voor de Nieuwe Wereldorde moest

---

[4] Zie *The Tavistock Institute of Human Relations*, Omnia Veritas Ltd, www.omnia-veritas.com.

coördineren, stuurde hij Aurellio Peccei naar Engeland voor een opleiding aan het Tavistock Institute of Human Relations, de moeder van alle hersenspoelinstituten ter wereld.

In die tijd was Peccei de hoogste leidinggevende van de Fiat Motor Company, een gigantisch multi-conglomeraat van het Comité van 300 via zijn leden van de zwarte adel, de aristocratische familie Agnelli, dezelfde familie die Pamela Harriman afwees als vrouw van een van de Agnelli-zonen.

Pamela trouwde vervolgens met Averell Harriman, een 300 jaar oude staatsman en expert op het gebied van Amerikaans buitenlands beleid, een echte 'insider'.

HOOFDSTUK 8

NATO EN DE CLUB VAN ROME

Tavistock stond onder leiding en controle van generaal-majoor John Rawlings Reese, die werd bijgestaan door Lord Bertrand Russell, de gebroeders Huxley, Kurt Lewin en Eric Trist als nieuwe wetenschapsspecialisten.

Vaste abonnees van *World In Review zullen* weten dat allerlei kwaden: duisternis, chaos en verwarring de Verenigde Staten binnenvielen met de komst van de Tavistock missionarissen. Aldous Huxley en Bertrand Russell, die prominente leden waren van de cultus van Isis-Osiris.

Na te zijn ontdaan van de weinige menselijke kwaliteiten die hij aanvankelijk bezat, verklaarde Tavistock dat Peccei "gekwalificeerd" was en stuurde hem naar het hoofdkwartier van de Noord-Atlantische Verdragsorganisatie (NAVO).

Deze organisatie van het Comité van 300 was in de eerste plaats opgezet als een politiek orgaan, en in de tweede plaats - als een militaire verdedigingsgroep voor Europa tegen de gevaren van de USSR. Bij de NAVO rekruteerde Peccei hooggeplaatste leden om hem te volgen bij de oprichting van de Club van Rome. Andere leiders van de NAVO en diverse linkse politieke partijen sloten zich bij het ROC aan om de Bilderberg Groep te vormen, de socialistische wervings- en trainingstak van het Comité van 300.

Wat waren de doelen en doelstellingen van het ROC? Die volgden in wezen het Communistisch Manifest van 1848, waren socialistisch van aard en oorsprong, en werden ingegeven door de duistere geestelijke krachten die spelen in de gnostiek, de Chaldeeuwse zwarte magie, het Rozenkruiserschap, de sektes van Isis-Osiris en Dionysus, het demonisme, de occulte theocratie, het Luciferisme, de vrijmetselarij, enz. De omverwerping van de westerse christelijke beschaving stond voorop bij de activiteiten van het ROC.

De vernietiging van de nationale soevereiniteit en het nationalisme van alle naties en daarmee de vernietiging van miljarden "overtollige" mensen stond ook hoog in het programma van het ROC. Peccei geloofde dat nationale staten, individuele vrijheid, religie en vrijheid van meningsuiting tot stof moesten worden herleid onder de laars van de Nieuwe Wereld Orde - de Eén Wereld Regering, via het ROC dat werd opgericht om dit zo snel mogelijk te doen. De taak van de NRC denktanks was om de vele socialistische organisaties die al bezig waren een einde te maken aan de westerse christelijke beschaving, onder één organisatie samen te brengen.

Japan kan niet buiten de plannen van het Comité van 300 (COR) blijven. Japan is ook een industriële natie, een zeer nationalistisch homogeen volk, het type samenleving dat de potentiële leiders van de Nieuwe Wereldorde haten. Daarom vormde Japan, hoewel niet westers of christelijk, een probleem voor de plannenmakers van het ROC.

Met behulp van de Japan Society en David Rockefeller's Suntory Foundation, was het plan om Japan's meest succesvolle gebruik van het Amerikaanse economische systeem - een erfenis achtergelaten door Generaal Douglas MacArthur - met indirecte middelen te ondermijnen. "Indirecte middelen" betekende het indoctrineren van Japan met socialistische idealen, "culturele veranderingen" volgens het plan, "het Tijdperk van de Waterman-Nieuwe Tijd". De instellingen en tradities van Japan moesten langzaam maar zeker worden ondermijnd op de manier en volgens de methode die tegen de Verenigde Staten werd gebruikt.

De ROC-fanatici die oorlog voerden tegen Amerika om "het publieke imago te veranderen", zijn nu tekeer gegaan tegen Japan. Daniel Bell van Tavistock en Daniel Yankelovich, Amerika's nummer één "beeldmakers", zijn ingeschakeld om, tenminste tijdelijk, hun oorlog tegen Japan's industriële basis te kapen en te voeren. Degenen onder u die mijn werk hebben gevolgd sinds het begon in 1970, zullen weten dat de interface tussen de Britse geheime dienst MI6 en David Sarnoff van de Radio Corporation of America (RCA) ertoe leidde dat Britse agenten op sleutelposities werden geplaatst binnen de CIA en Division Five van de FBI - haar contraspionage tak. Yankelovich, van Yankelovich, Skelly en White, werd door MI6 uitgekozen om een meedogenloze oorlog tegen het Amerikaanse volk te voeren.

Yankelovich, een antichristelijke socialist die twee decennia lang de voorhoede was geweest van de aanval op een nietsvermoedend Amerikaans volk, kreeg nu van het ROC de opdracht zijn middelen te concentreren op aanvallen op de zware industrie in Japan, wat zij "rookbeluste schoorstenen" noemden. De lichte industrie moest worden geprezen en gefeliciteerd.

De hoop was dat de postindustriële ineenstorting met nulgroei van de VS en de kredietschaarste-tactiek van Volcker zich tegen Japan zou kunnen herhalen. In een postindustriële samenleving zouden volgens het ROC bijna 50 miljoen Amerikanen hun baan verliezen en permanent zonder werk komen te zitten, en nog eens enkele miljoenen zouden te weinig werk hebben. Volgens het ROC zou dit leiden tot sociaal en moreel verval, waardoor de natie een gemakkelijk slachtoffer zou worden voor overname door de Nieuwe Wereld Orde - een wereldregering. De ineenstorting van de Amerikaanse middenklasse zou een ingrijpend effect hebben op de Japanse export naar de VS.

Net als het Amerikaanse volk, dat nooit op de hoogte is gebracht van de oorlog die sinds 1946 tegen hen woedt, hoopten de plannenmakers van het ROC de Japanse natie te verrassen. Peter Berger van de beruchte Council on Foreign Relations (CFR) - de parallelle regering op hoog niveau van de Verenigde Staten onder auspiciën van het Comité van 300 - en de zogenaamde antropoloog Herbert Passon - de man die de plaats innam van wijlen Margaret Mead - namen hun nieuwe uitdaging graag aan. Het resultaat was een stortvloed van "New Age"-literatuur op de Japanse markt, die moest aantonen hoezeer de Japanse industrie de gemiddelde Japanner had vervreemd van nationale en traditionele waarden.

Voor de televisie gemaakte films over bendes jonge "Rock and Roll" werden populair gemaakt, zonder te onthullen dat deze aberratie uit dezelfde bron kwam die ons de Beatles, Mick Jagger, Keith Richard en allerlei decadente, verdorven en amorele reproben schonk, een creatie van het Tavistock Instituut onder auspiciën van het ROC. Jagger en

Richards zijn vaak geëerd door Europese royalty's. Het beeld dat wordt gecreëerd is dat deze degeneratie het gevolg is van de industrialisatie van de Verenigde Staten.

Tenzij een gezamenlijke inspanning wordt geleverd om dit te voorkomen, is Japan gedoemd hetzelfde morele verval te ondergaan, of ten minste eenzelfde ernst als de Verenigde Staten tijdens het "Beatles-Jagger-Rolling Stones"-tijdperk, ruwweg van de jaren zestig tot de jaren tachtig. Overigens behoren Jagger en Richards tot de occulte club die is opgericht door de Lucifer Alestair Crowley: de Isis-Osiris Orde van de Gouden Dageraad. Het hoofddoel van Isis-Osiris is de morele vernietiging van de jeugd van het Westen door ongelimiteerd drugsgebruik, "vrije seks", homoseksualiteit en lesbianisme.

De "muziek" van gedegenereerden als Jagger en andere leiders van rockbands zette op latere leeftijd de toon voor de verlaging van remmingen, waardoor de jeugd van het land gemakkelijker tot deze kwalijke praktijken kon worden aangezet. Het probleem waarmee het ROC nu wordt geconfronteerd is het omgaan met het verzet dat zeker zal komen wanneer de werkloosheid, zoals in Japan, Amerikaanse niveaus bereikt. Het is onwaarschijnlijk dat de Japanners zich gedwee zullen neerleggen bij de werkloosheid zoals hun Amerikaanse tegenhangers reeds hebben gedaan.

Japan is een moeilijk te kraken land, maar door zijn gif langzaam, in afgemeten doses toe te dienen, hoopt het ROC een revolutie in Japan te bewerkstelligen die de bevolking niet wakker zal schudden - met andere woorden, het Amerikaanse model moet worden gevolgd bij de komende aanval op Japan. In de Verenigde Staten is de "Aquarian Conspiracy" van de Club van Rome een doorslaand succes.

Een samenvatting van ROC's artikel van Willis Harmon over dit onderwerp is alles wat we nodig hebben om te begrijpen wat er aan de hand is:

Beelden en de fundamentele opvatting over de menselijke aard en mogelijkheden kunnen een enorme macht hebben om waarden en handelingen in een samenleving vorm te geven. Hij (Harmon en het ROC) hebben getracht dit te onderzoeken door:

➢ De methodes van de Illuminati.

➢ Het onderzoeken, met betrekking tot de problemen van de hedendaagse samenleving, van de tekortkomingen van de huidige beelden van de mensheid, en het vaststellen van de noodzakelijke kenmerken van toekomstige beelden.

➢ Activiteiten op hoog niveau vaststellen die het ontstaan van een *nieuw imago* (nadruk toegevoegd) en nieuwe politieke benaderingen voor het oplossen van de belangrijkste problemen van de samenleving kunnen vergemakkelijken.

Wij gebruiken de term "mensbeeld" of "mens in het universum" om te verwijzen naar het geheel van veronderstellingen over de oorsprong, aard, capaciteiten en kenmerken van de mens, zijn relatie met anderen en zijn plaats in het universum. Een samenhangend beeld kan uitgaan van een individu, een groep, een politiek systeem, een kerk of een beschaving. De meeste samenlevingen hebben een mensbeeld dat zijn sociale aard bepaalt. Een mensbeeld is dus een Gestalt-beeld van de mens, zowel individueel als collectief, in relatie tot zichzelf, de maatschappij en de kosmos.

Dit is klinkklare onzin, een occulte truc om de onwetende te misleiden. De meeste aannames over de aard van de mens worden onbewust gedaan. Maar om verder te gaan met Harmon's poging om ons te hersenspoelen..:

Pas wanneer deze verborgen vooronderstellingen worden herkend en aan iedereen bekend worden gemaakt, kan een mensbeeld worden geconstrueerd. Het beeld kan dan zorgvuldig worden onderzocht door het perspectief te behouden en het te verwerpen of te wijzigen (nadruk toegevoegd). Een beeld kan geschikt zijn voor één fase van de ontwikkeling van een samenleving, maar als die fase eenmaal voorbij is, zal het gebruik van het beeld als voortdurende leidraad voor het handelen waarschijnlijk meer problemen creëren dan oplossen. Wetenschap, technologie en economie hebben werkelijk aanzienlijke vooruitgang geboekt bij de verwezenlijking van fundamentele menselijke doelstellingen zoals fysieke veiligheid, materieel comfort en een betere gezondheid.

Maar veel van deze successen hebben geleid tot het probleem van buitensporig succes. Problemen die zelf onoplosbaar lijken binnen het geheel van sociale waarden die tot hun ontstaan hebben geleid. Ons hoogontwikkeld technologisch systeem heeft geleid tot kwetsbaarheid en ineenstorting. De onderlinge samenhang van de ontstane maatschappelijke problemen vormt nu een ernstige bedreiging voor onze beschaving.

Met andere woorden, onze westerse idealen, ons geloof in het gezin, de heiligheid van het huwelijk, ons geloof in ons land, onze nationale trots, onze nationale soevereiniteit, onze trots op onze religieuze overtuigingen, onze trots op ons ras, ons vertrouwen in een almachtige God en onze christelijke overtuigingen, zijn allemaal achterhaald - volgens Harmon van het ROC.

Voor de illuminist en hogepriester van het ROC komt "te succesvol zijn" voort uit te succesvol zijn als geïndustrialiseerde natie met volledige werkgelegenheid en een volk dat een behoorlijke levensstandaard geniet.

HOOFDSTUK 9

EEN TERUGKEER NAAR DE DONKERE EEUWEN

Harmon bedoelde dat de Amerikanen, dankzij een op industrie gebaseerde samenleving, te veel vrijheid genoten, wat leidde tot een situatie waarin er eenvoudigweg te veel mensen zijn, die daarom moeten worden opgepakt en afgeslacht, zodat het ROC de industriële groei, en dus de bevolkingsgroei, kan afremmen. De waarheid is dat de christelijke westerse beschaving een bedreiging vormt - niet voor de beschaving - maar voor de toekomst van de occulte theocratie die het Comité van 300 voor de wereld heeft gepland.

Wat Harmon bepleit is een terugkeer naar de donkere middeleeuwen, een nieuwe donkere eeuw, onder de dictatuur van een één-wereld regering.

Harmon, de hogepriester van het ROC, heeft een scenario gepresenteerd dat in directe tegenspraak is met Gods wet, die zegt dat we vruchtbaar moeten zijn, ons moeten vermenigvuldigen en de aarde moeten onderwerpen, niet ten behoeve van het ROC en het Comité van 300, maar voor de vrijheid van onze mensen in de Verenigde Staten en anderen die ervoor kiezen hun nationale identiteit te respecteren.

De Luciferiërs gediend door Harmon, de leden van de Cultus van Dionysos, de "Olympiërs", zeggen: "Nee, wij zijn hier geplaatst om de Aarde te besturen en alleen wij zullen van haar voordelen genieten." Hogepriester Harmon besluit als volgt:

Wij moeten het industrieel-technologische mensbeeld snel veranderen. Onze analyses van de aard van de problemen van de hedendaagse samenleving leiden ons tot de conclusie dat de mensbeelden die de afgelopen twee eeuwen hebben gedomineerd, ontoereikend zullen zijn voor het post-industriële tijdperk. Het mensbeeld dat geschikt is voor deze nieuwe wereld (die niet nieuw is - het concept, een satanisch concept, is vierduizend jaar oud) moet *worden gezocht, gesynthetiseerd en vervolgens in de hersenen van de mensheid worden ingeprent.*

Het Italiaanse renaissancebeeld van de economische mens, individualist, materialist, op zoek naar objectieve kennis, is ongepast en moet overboord. De industriële staat heeft in dit stadium een enorme dynamiek maar geen richting, een geweldig vermogen om er te komen, maar geen idee waarheen. In zekere zin leidde de ineenstorting van de oude beelden eerder tot wanhoop dan tot de zoektocht naar een nieuw beeld. Ondanks het pessimisme dat het achterblijven van een dominant beeld impliceert, zijn er veel tekenen dat er wellicht een nieuw, anticiperend beeld van de mensheid aan het ontstaan is.

Wat deze mumbo-jumbo werkelijk betekent - wat Harmon werkelijk zei - is dat geïndustrialiseerde samenlevingen, zoals de VS en Japan, moeten worden vernietigd omdat de geïndustrialiseerde samenleving onbeheersbaar is geworden. Volgens Harmon zou de vernietiging van de industrie leiden tot de vernietiging van al onze fundamentele morele waarden, ons fundamentele geloof in

God en land, onze christelijke cultuur, wat snel zou leiden tot de terugkeer naar de wereld van een **occulte theocratie** die regeert over een nieuw duister tijdperk, aldus hogepriester Harmon:

... negentien mensbeelden domineren verschillende tijdperken, en uit elk daarvan haalt hij de kenmerken die hij nuttig acht om het industriële technologische beeld te vervangen, de programma's die het ROC en het Comité hopen na te streven en die de volkeren van de wereld - die na de slachting van Global 2000 als hersenloze slaven zullen overblijven - zullen omvormen tot een nieuw duister tijdperk - de zogenaamde Nieuwe Wereldorde.

Volgens Harmons plan moet de mens geïdentificeerd worden als onderdeel van het dierenrijk. Harmon betoogt dat de heersende elite is gewijd aan het postindustriële beeld en dat het oudtestamentische beeld van de mens die de hele natuur domineert als gevaarlijk moet worden opgegeven.

Het Zoroastrische beeld geniet de voorkeur. Het yogasysteem van India en Azië verdient de voorkeur boven het christendom - volgens Harmon, omdat het de noodzakelijke "zelfrealisatie" teweeg zal brengen. Dit eufemisme is gewoon een hulpmiddel van Harmon om aan te geven dat het christendom moet worden vervangen door occulte geloofsovertuigingen zoals die worden beoefend door leden van Isis-Osiris en de sekte van Dionysus. Het christelijke mensbeeld moet worden vervangen, aldus hogepriester Harmon. De mens moet ophouden te denken dat hij God nodig heeft. Het is hoog tijd dat de mens gelooft dat hij meester is over zijn eigen lot en dat hij voor zichzelf kan zorgen.

Wat tegenwoordig ontbreekt in onze christelijke kerken is

kennis en begrip van het occulte en de geheime genootschappen die overal voorkomen. Onze christelijke leraren en lezers moeten bekend zijn met het rijk van de religieuze theocratieën en waarheen zij de Kerk van Christus leiden.

In plaats van de schoonheid en zuiverheid van de Renaissance weg te gooien, moeten we haar des te meer vasthouden en haar onbetaalbare erfgoed beschermen. Hier is een blik op enkele van de maatregelen die Harmon bepleit om de plannen van het ROC voor een Nieuwe Wereld Orde te laten werken:

- ➤ Jongerenparticipatie in politieke processen.
- ➤ Vrouwenbevrijdingsbewegingen.
- ➤ Zwart bewustzijn.
- ➤ De rebellie van jongeren tegen het "kwaad" van de maatschappij.
- ➤ Toegenomen belangstelling voor maatschappelijk verantwoord ondernemen.
- ➤ De generatiekloof.
- ➤ geïnduceerde vooroordelen tegen industrie en technologie bij jongeren.
- ➤ Experimenteren met nieuwe gezinsstructuren (d.w.z. eenoudergezinnen, homoseksuele "paren" en lesbische "huishoudens").
- ➤ Er worden conservatieve milieugroepen opgericht.
- ➤ De belangstelling voor Oosterse religies moet ijverig worden toegepast op scholen en universiteiten.

Deze punten in het Harmon Manifest kunnen bijna worden vergeleken met het Communistisch Manifest van 1848. Er zijn eerder kleine verschillen in stijl dan in inhoud, maar het basisprincipe dat de wereld een socialistische staat moet worden die evolueert naar het communisme loopt als een rode draad door beide documenten. Het onderliggende en verborgen thema is hetzelfde als dat van de communistisch-bolsjewieken: "Sta ons in de weg op eigen risico. Terreurtactieken zijn onze tactieken, en we zullen ze gebruiken zonder vrees of gunst. Wij zullen u elimineren als u zich tegen ons verzet". Zoals ik al eerder zei, is het New Age ideaal zoals Harmon het presenteert duizenden jaren oud. De Druïden verbrandden mensen in rieten manden als offer aan hun goden en hun priesteressen druppelden het bloed van hun slachtoffers in emmers.

De Franse Revolutie kostte het leven aan honderdduizenden onschuldige slachtoffers, net als de Bolsjewistische Revolutie. De communisten waren trots op de manier waarop ze miljoenen christenen martelden en vermoordden. Waarom denken we dat het ROC, een occulte theocratie, niet hetzelfde zal doen als het de kans krijgt? Dit zijn de moorddadige, geestelijk dode mensen waarmee we te maken hebben, degenen die Christus beschrijft als de heersers der duisternis, de goddelozen op hoge plaatsen, en het is hoog tijd dat ieder van ons, Japans of Amerikaans, wakker wordt voor de gevaren die de beschaving bedreigen.

Toen deze aanval op God en de mensheid in 1974 door Harmon werd opgenomen, waren de veertien principes achter Harmon voorzichtig om geen directe betrokkenheid te onthullen van de verschillende instellingen die zij wilden gebruiken om de tegencultuur te fabriceren, op te zetten en naar voren te schuiven als stormram. Dronken van macht en anticiperend op een volgzaam Amerikaans publiek dat niet zou reageren, besloot Harmon Marilyn Ferguson te gebruiken als dekmantel om de kat uit de zak te laten komen.

Harmon castte Marilyn Ferguson, een totaal onbekende talentloze vrouw die beroemd werd als de vermeende auteur van "The Aquarian Conspiracy", een vertaling van een fictief boek, maar Harmon vertelde het publiek niet dat Ferguson en alle deelnemers slechts huurlingen waren die door het ROC in dienst werden gehouden, en dat het ROC de *Aquarian Conspiracy tot* leven bracht.[5]

Deze nieuwe versie van een eeuwenoude samenzwering begon in 1960 en bleef groeien als een kankergezwel in het politieke lichaam gedurende 1968, waarbij de post-industriële boodschap werd verspreid van een tegencultuur gebaseerd op occulte geheime genootschappen, waarvan de namen legio zijn.

De oprichters zijn al genoemd. De officiële organen waren het Tavistock Institute, het Institute of Social Relations en het Stanford Research Centre, waar de toegepaste sociale psychiatrie een centrale rol speelde in het vormen en begeleiden van de NAVO naar het aannemen van de lange termijn strategie van het ROC, die door de gevestigde orde de naam Aquarius-New Age beweging kreeg.

Veel mensen hebben mij in de loop van mijn carrière geschreven met de vraag waarom ik niet heb geschreven over de "Nieuwe Wereld Orde". Nou, ik heb over deze en vele andere onderwerpen geschreven sinds 1969. Het probleem is dat mensen toen niet luisterden naar iemand die zo onbekend was als ik. Maar toen een gek als Marilyn Ferguson, gesteund door de macht van de Rockefeller Foundation, kwam met precies hetzelfde waar ik voor

[5] "The Aquarian Conspiracy", Ndt.

gewaarschuwd had, vroegen ze: "Waar ben je geweest; waarom heb je ons dit niet verteld?"

De waarheid is dat ik mijn werk, de New Age of Aquarius, de Club van Rome en het Comité van 300 onder de aandacht van de abonnees bracht lang voordat deze namen onder de aandacht van anderen kwamen - vijftien jaar eerder, om precies te zijn.

Achteraf gezien waren mijn verslagen hun tijd ver vooruit, lang voordat deze dingen bekend werden bij andere rechtse schrijvers in Amerika.

Een van de eerste aanvallen op de Verenigde Staten begon met de Cubaanse raketcrisis, toen John F. Kennedy het advies van het Tavistock Instituut, het CFR, het Rand Instituut en Stanford afwees. Dit maakte Kennedy een doelwit voor eliminatie. Zijn moord, nog steeds verdoezeld door een veelheid aan tegenstrijdige rapporten, is een grote belediging voor het Amerikaanse volk. [6]Wat ik weet over de daders van deze gruwelijke misdaad heb ik beschreven in mijn boek "Het Comité van 300", herzien, bijgewerkt en gepubliceerd in januari 2007.

Kennedy nam een "flexibele respons" defensiestrategie aan, die niet gebaseerd was op psychologische oorlogsvoering door de politieke vleugel van de NAVO via civiele defensieplanners. Maar Kennedy koos ervoor te bezuinigen op civiele verdediging en in plaats daarvan een grootschalig nieuw ruimtevaartprogramma op te zetten voor de

---

[6] *De hiërarchie van de samenzweerders - Geschiedenis van het comité van 300*, Omnia Veritas Ltd. www.omnia-veritas.com.

technologische opwaardering van de Amerikaanse industrie. Daarmee tekende Kennedy zijn eigen doodvonnis. Kijk naar de macht van de theocratische krachten van de Nieuwe Wereld Orde. Ze aarzelden niet om de president van de Verenigde Staten in november 1963 te vermoorden.

Begin 1963 tekende een bepaald moordbureau, waarvan ik de naam niet mag onthullen, een contract met het Tavistock Institute of Human Relations. Let op het misbruik van de woorden "menselijke relaties". Het contract werd gegund aan verschillende Amerikaanse filialen van Tavistock, waaronder Stanford Research, het Institute of Social Relations en de Rand Corporation.

Tavistock maakte vervolgens de resultaten van de door deze denktanks uitgevoerde "wetenschappelijke studies" openbaar en gaf deze informatie door aan de politieke vleugel van de NAVO.

Degenen onder u die hun hoop vestigen op de NAVO kunnen maar beter beseffen wat er aan de hand is. De NAVO is een creatuur van de Club van Rome, die gehoorzaamt aan het georganiseerde lichaam van dienaren bekend als het Comité van 300.

HOOFDSTUK 10

GEHEIME GENOOTSCHAPPEN HEERSEN ACHTER DE SCHERMEN

Na deze ontwikkeling wees Dr. Anatol Rappaport, redacteur van Tavistock's *Human Relations Magazine, er* in 1966 op dat het ruimtevaartprogramma van de NASA overbodig was en dat de VS bezig waren met ruimtevaartprogramma's terwijl ze het geld hadden moeten besteden aan studies naar "menselijke kwaliteit".

Er werd verwacht dat het rapport van *het Human Relations Magazine* de Amerikaanse publieke opinie tegen ruimtevaartprogramma's zou keren. Na de moord op Kennedy leek het er even op dat ons ruimtevaartprogramma zou worden opgegeven, maar toen kwam de eclatante verkiezingsoverwinning van Ronald Reagan in november, die leidde tot de ongekende bijeenkomst van hoge ROC-functionarissen in Washington in november 1980.

Zoals ik in mijn lezingen en geschriften sinds 1969 vaak heb opgemerkt, wordt de wereld geleid door mensen die heel anders zijn dan degenen die wij van voren zien, een observatie die voor het eerst beroemd werd door Lord Beaconsfield (Disraeli). Van tijd tot tijd worden we ruimschoots gewaarschuwd voor de waarheid van deze observatie, maar op een verhulde manier. Het lijkt erop dat de zogenaamde leiders van de één-wereld regering zich soms niet kunnen bedwingen wanneer zij een grote overwinning behalen.

Een voorbeeld van wat ik bedoel werd gegeven door kolonel Mandel House, de controleur van de presidenten Wilson en Roosevelt. House schreef een boek, *Phillip Drew: Administrator*, zogenaamd fictie, maar in werkelijkheid een gedetailleerd verslag van hoe de geheime regering van de Verenigde Staten in slavernij zou worden verkocht in een One World Government-New World Order.

Disraeli, de legendarische Britse premier en groot parlementariër en beschermeling van de Rothschilds, schreef een verslag over de werking van de Britse geheime regering, getiteld *Coningsby, waaruit* bleek dat de geheime groepen die de Britse en Amerikaanse regeringen beheersten, van plan waren de wereld te regeren. Geheime genootschappen zijn en blijven de gezworen vijand van de vrije wereld. Zolang zulke diverse en talrijke geheime genootschappen onder ons floreren, zijn wij geen vrije mensen. Met vlaggen zwaaien en patriottisme slaan op 4 juli zal deze harde waarheid niet veranderen.

Geheime genootschappen hebben leiders die de wereld van achter de schermen besturen. Als we de huidige gebeurtenissen op het gebied van politiek en economie willen begrijpen, moeten we een goede kennis hebben van geheime genootschappen.

De Club van Rome (COR) is slechts een uitbreiding, een permanent verbond van de oude zwarte adellijke families van Europa, gedomineerd door occulte overtuigingen en praktijken die duizenden jaren teruggaan. De oude Mizraim-riten van Egypte (vóór de komst van de zonen van

Noach), Syrië, Babylon en Perzië werden naar Europa gebracht door Venetiaanse en Britse oligarchen.

De Bogomils, de Katharen - dit zijn het soort "religieuze overtuigingen" die in hun kielzog een aanval op de christelijke opvattingen en westerse principes hebben veroorzaakt. De liefde van het Oosten voor intriges is overgebracht naar het Westen, met zulke verstrekkende gevolgen dat ze vaak ons voorstellingsvermogen te boven gaan.

De schade die deze geheime genootschappen hebben aangericht is indrukwekkend. We weten bijvoorbeeld dat de Krimoorlog is begonnen in een opwelling van de Vrijmetselarij, en dat de Eerste en Tweede Wereldoorlog dezelfde weg hebben gevolgd. We kunnen nooit weten in hoeverre de duistere en geheimzinnige krachten van de geheime genootschappen onder ons de huidige gebeurtenissen beïnvloeden.

De Boerenoorlog, waarschijnlijk de belangrijkste oorlog van de 20e eeuw, omdat daarin geheime genootschappen en hun mysterieuze religies tegenover een vrijheidslievende en patriottische christelijke natie stonden, agressors die de Boeren van hun pas ontdekte goud wilden beroven. Een van de machtigste mannen in de Britse politiek tijdens deze ongepaste periode in de Britse geschiedenis was Lord Palmerston, die behoorde tot vele geheime genootschappen en wiens leiding van het Parlement werd beïnvloed door de vrijmetselarij. Palmerston gaf zelf toe dat dit waar was.

Het is daarom aan ons, het volk, om ons bewust te worden van het feit dat we in conflict zijn met geestelijk slechte mannen op hoge plaatsen. We staan niet tegenover louter fysieke entiteiten. De onzichtbare krachten zijn sterker dan de zichtbare krachten. Deze krachten beheersen de Verenigde Staten en we zien dit in het feit dat meer dan 75% van de Democratische leden van het Huis en de Senaat harde socialisten zijn.

Harlan Cleveland

Het bekendste lid van USACOR is wellicht Harlan Cleveland, voormalig ambassadeur van de VS bij de NAVO in de jaren zestig en voormalig vice-voorzitter van de Atlantische Raad, de belangrijkste aanwezigheid van de NAVO in de VS.

Cleveland was hoofd van het kantoor in Princeton, New Jersey, van het Aspen Institute for Humanistic Studies, de Amerikaanse tak van het Tavistock Institute of Human Relations. Aspen wordt verondersteld een "denktank" te zijn die zich bezighoudt met milieuvraagstukken, maar dat is slechts een vijgenblad, een rookgordijn om zijn werkelijke activiteiten te verhullen - oorlog voeren tegen de Amerikaanse industrie en landbouw.

William Watts

Een lid van de Atlantic Council en een directeur van Tomack Associates, de dekmantel voor de verspreiding van COR's *Limits of Growth*, een studie uit 1972-1973 die beweert aan te tonen hoe industrie en "excessieve agrarische ontwikkeling" de ecologie ruïneren. Watts is verantwoordelijk voor de verspreiding van Aspen's vermomde versie van Thomas Malthus' oude nulgroei theorie, die in feite zijn oorsprong heeft in de oude cultus van Dionysus.

George McGee

De heer McGee, lid van de Atlantische Raad, is voormalig staatssecretaris voor politieke zaken bij de NAVO en voormalig ambassadeur van de VS in Turkije. Later was hij VS-ambassadeur in Bonn, Duitsland.

Claiborne K. Pell

Pell was de Amerikaanse senator van Rhode Island en een voormalig Amerikaans parlementslid bij de Atlantische Raad. Pell is een groot voorstander van het beleid van de NRC dat de NAVO-strijdkrachten moeten toezien op de handhaving van milieunormen over de hele wereld. Pell is een groot voorstander van de de-industrialisatie van alle landen, inclusief de Verenigde Staten. Hij heeft vaak sympathie getoond voor Russells theorie van het ruimen van de "overtollige bevolking". Pell nam met Cyrus Vance deel aan het opstellen van de voorwaarden van het Global 2000-rapport. Pell werkt samen met Cyrus Vance en NAVO-secretaris-generaal Joseph Lunz, en woont vaak Bilderberg-bijeenkomsten bij.

Donald Lesh

Lesh, voormalig medewerker van Tomack Associates, is uitvoerend directeur van USACOR. Hij werkte ook ooit voor de National Security Agency (NSA) en hielp Kissinger bij het opzetten van het Europese apparaat van de NSA. In dit verband werkte hij samen met Helmut Sonenfelt, die sinds de ontdekking van de Bamberg-dossiers als een Siamese tweeling aan Kissinger is gekoppeld. William Highland, voorgesteld als specialist inzake de Sovjet-Unie, werkte ook voor het Europese bureau van de NSA.

Sol Linowitz

Linowitz is vooral bekend geworden door het opstellen van het frauduleuze en ongrondwettelijke verdrag over het Panamakanaal en is een vertrouweling van Carter.

J. Walter Lew (Levy)

Levy is de vaste olie-analist bij de Council on Foreign Relations (CFR) in New York, directeur van de Atlantic Council en lid van de Bilderberggroep. Levy stelde het programma op van de Commissie Brandt, bestaande uit internationale socialistische politici. Hoewel Brandt bijna altijd dronken is, is hij toch een van de gevaarlijkste socialisten van het hedendaagse toneel.

Joseph Slater

De heer Slater is directeur van het Aspen Institute, het socialistische hoofdkwartier van het Comité van 300 in de Verenigde Staten. Eerder was hij Amerikaans ambassadeur bij de NAVO. Dit zijn enkele van de hoofdrolspelers in een nest van opruiers in de Verenigde Staten. Hun voornaamste functie is het postindustriële nulgroeiplan van het ROC te versnellen en de voormalige industriesteden van het noordoosten te veranderen in slavenarbeidentiteiten onder de noemer "ondernemingszones". Een doel is het SDI-programma van president Reagan, dat een definitief einde zou maken aan de waanzinnige strategie van Kissinger en Robert McNamara. De NAVO wordt ingezet om alle aspecten van de anti-Amerikaanse agenda te bundelen.

HOOFDSTUK 11

NASA EN DE CLUB VAN ROME

Een voorbeeld hiervan is de betrokkenheid van de VS bij de Falklandoorlog, toen de VS ondersteunende faciliteiten leverden die de Britse strijdkrachten in staat stelden Argentinië te verslaan.

Een van de belangrijkste successen van de Amerikaanse Club van Rome tot nu toe was het weghalen van het ruimtevaartprogramma bij het leger en het overdragen ervan aan de NASA, een civiele instantie. Voormalig president Eisenhower voldeed graag aan de instructies die hij uit Londen kreeg om deze verandering door te voeren.

Maar de manoeuvre kan een averechtse uitwerking hebben gehad. In mei 1967 onthulde een NASA-profielstudie van het Tavistock Institute of Human Relations dat NASA een belangrijke werkgever van industrieel en wetenschappelijk personeel was geworden, precies het tegenovergestelde van COR's de-industrialiseringsplannen. Het Tavistock rapport liet alarmbellen afgaan in de kantoren van opruiers en verraders van Colorado tot Washington tot New York.

Hun antwoord was de oprichting van een "selecte commissie" onder leiding van Robert Strauss Haptfz, VS ambassadeur bij de NAVO. De taak van het comité was om onmiddellijke schadebeperkende maatregelen te nemen, waarvan men hoopte dat ze de NASA zouden verlammen. Er werd een vergadering belegd over wat "transatlantische technologische onevenwichtigheid en samenwerking" werd genoemd. De vergadering werd gehouden in Deauville, Frankrijk, en werd bijgewoond door Aurellio Peccei en Zbignew Brzezinski.

Deze bijeenkomst van opruiers en vijanden van het Amerikaanse volk werd gemakshalve onder het tapijt geveegd door de media, dezelfde die later zouden proberen - en erin zouden slagen - om president Nixon uit het Witte Huis te verdrijven.

Het was tijdens deze bijeenkomst dat Brzezinski inspiratie putte uit zijn boek, *Between Two Ages: The Technotronic Era, dat* ik uitvoerig citeerde in mijn boek, *The Committee of 300.*

In dit boek schetst Brzezinski het ideaal van een socialistische Nieuwe Wereldorde, gebaseerd op Orwelliaanse concepten; een wereld geregeerd door een intellectuele elite en een supercultuur gebaseerd op een netwerk van elektronische communicatie, in een concept van regionalisme met symbolische nationale soevereiniteit.

De conferentie van Deauville concludeerde dat er een convergentie van idealen moest komen tussen de VS en de USSR (een idee dat volledig werd verworpen door Stalin, die een echte doorn in het oog was van het Comité van 300).

Deze "convergentie" zou leiden tot één wereldregering die verantwoordelijk zou zijn voor het beheer van wereldzaken op basis van echte crisisbeheersing en mondiale planning. Rockefellers voorstel werd geminacht door Stalin, en het was zijn weigering om zich aan te sluiten bij de Nieuwe Wereldorde die leidde tot de Koreaanse Oorlog.

Zelfs de verdraaide, gecensureerde en onnauwkeurige geschiedenis van de Tweede Wereldoorlog, geschreven door door Rockefeller betaalde schrijvers, laat zien dat de VS nooit tegen het communisme heeft gevochten. Hoe kon dat ook, toen de elite van Wilson en de Wall Street bankiers dezelfde waren die Lenin en Trotski aan de macht brachten, in samenwerking met Lord Alfred Milner en de City of London bankiers?

De Tweede Wereldoorlog was een kunstmatige situatie. Hitler was opgezet door de bankiers van Wall Street en de City of London, kennelijk met het doel Stalin te omsingelen en hem in het gareel te krijgen, nadat hij was begonnen met het afwijzen van toenaderingen tot een "gemeenschappelijke wereldheerschappij".

Stalin had geen vertrouwen in wat hij noemde "de Washington kosmopolieten". Hitler werd vernietigd omdat hij zich tegen zijn controleurs keerde, die vervolgens, op hun eigen dialectische manier, Stalin tot het uiterste steunden in wat zij zagen als het minste van twee gevaren. Omdat de internationale bankiers Hitler niet konden controleren, moesten ze hem vernietigen.

Het nettoresultaat van de Tweede Wereldoorlog was de opkomst van een sterker en geducht communistisch systeem, dat zijn tentakels over de hele wereld kon verspreiden. De Sovjet-Unie veranderde van een regionale in een wereldmacht.

De Tweede Wereldoorlog kostte miljoenen levens en miljarden dollars, en dat allemaal door een schokkend misbruik van middelen door mannen met grootse plannen om de wereld te regeren, en dan heb ik het niet over Hitler en Stalin. Ik heb het over de CFR, de RIIA, de Club van

Rome en het Comité van 300. Als iemand mij een lijst kan geven van de vermeende voordelen van de Tweede Wereldoorlog of de "vrijheden" kan uitleggen die het de mensen van Amerika of Europa heeft gebracht, dan hoor ik het graag.

Voor zover ik kan zien, is de wereld nu duizend keer slechter dan in 1939. Het socialisme nam de Verenigde Staten over in de nasleep van de Tweede Wereldoorlog. Onze industrieën werden vernietigd; miljoenen arbeiders verloren hun baan. We kunnen Hitler (of Stalin) niet de schuld geven van deze kunstmatige toestand. Peccei relativeerde het toen hij zei:

> ... Sinds we in het christendom het millennium naderen, zitten massa's mensen echt in spanning over op handen zijnde gebeurtenissen van onbekende dingen die hun collectieve lot volledig zouden kunnen veranderen. De mens weet niet hoe hij een echt modern mens moet zijn.

Wat Peccei ons vertelde was dat de occultisten, de esoterici, de New Agers - weten wat goed voor ons is, en dat we ons beter kunnen schikken naar de dictaten van de Nieuwe Wereld Orde of vernietigd worden.

We moeten leren leven en ons gedragen binnen het ROC's model van *grenzen aan de groei*, dat een grens inhoudt aan de religies die we kunnen volgen. We moeten leren leven binnen de beperkingen die het ROC aan onze economie oplegt en niet rebelleren tegen de nieuwe monetaire orde.

We moeten ook het idee accepteren dat we vervangbaar zijn. Peccei zegt dat "de mens het verhaal van de boze draak heeft verzonnen, maar als er ooit een boze draak op aarde was, dan is het de mens zelf wel".

Peccei legde vervolgens het hele spelplan uit:

Sinds de mens de doos van Pandora met nieuwe technologieën heeft geopend, lijdt hij onder oncontroleerbare menselijke proliferatie, groeimanie, de energiecrisis, potentiële reële tekorten, aantasting van het milieu, nucleaire waanzin en talloze andere kwalen.

HOOFDSTUK 12

DE WANORDE VAN MONETAIRE SYSTEMEN

In deze paar woorden vinden we de hele reeks plannen voor de mensheid die het ROC voor het Comité van 300 heeft geschetst.

Dit beantwoordt in een notendop de meest gestelde vraag: *"Waarom zouden ze deze dingen willen doen?"* Hier hebben we een esotericus van de ergste graad die de mensen vertelt dat het ROC namens zijn meesters in het Comité van 300 weet wat het beste is voor de hele wereld.

Niet lang na zijn toespraak nam Peccei het model "World Dynamics" over, dat voor het Comité van 300 was geconstrueerd door Jay Forrester en Dennis Meadows, een model voor mondiale planning dat de onhoudbaarheid van complexe systemen moet aantonen om aan te tonen dat kleinschaliger structuren de overhand moeten krijgen in de wereldeconomie. Daartoe baseerde het rapport Meadows-Forrester zich natuurlijk uitsluitend op de negatieve en beperkende economische studies van Malthus en Adam Smith, de Britse Oost-Indische econoom die het Britse "vrijhandelsbeleid" formuleerde.

De mythische economie van Forrester Meadows gaat voorbij aan de vindingrijkheid van de mens, die een onuitputtelijke voorraad nieuwe mineralen of nieuwe hulpbronnen zal vinden waarvan wij ons nog niet bewust zijn. Wat in feite onze hulpbronnen uitput, is papiergeld, als we iets papiergeld kunnen noemen.

Het Amerikaanse monetaire systeem is een gigantische puinhoop door de inmenging van leden van de oligarchische hiërarchie, die van ons allemaal slaven willen maken.

Alleen ongedekt papiergeld schaadt de natuurlijke hulpbronnen van de planeet, en met ongedekt bedoel ik, dat Amerikaanse dollars niet gedekt worden door zilver en goud, zoals de grondwet van de Verenigde Staten voorschrijft. In feite is er op dit moment geen wettig betaalmiddel in de Verenigde Staten, en ook niet sinds de komst van de Federal Reserve Act.

Geen wonder dat we in zo'n financiële puinhoop zitten, als een particulier consortium (de Federal Reserve Bank) ons geld mag overnemen en naar eigen goeddunken mag gebruiken, zonder dat de mensen die het bezitten er enige controle over hebben.

Een economie gebaseerd op goud en zilver zal natuurlijke hulpbronnen vernieuwen en recyclen. Een samenleving gebaseerd op kernsplijting zou nieuwe mogelijkheden openen. Toch negeerden Meadows en Forrester de magie van de fusievlam. Het is gemakkelijk te verklaren hoe het ROC nieuwe technologieën kon negeren. Simpelweg omdat het ze niet wilde.

Nieuwe technologieën betekenen nieuwe banen en een welvarender bevolking. Een meer welvarende bevolking betekent een toename van de bevolking van Noord-

Amerika, wat volgens woordvoerders van het CvdR ongewenst is en een bedreiging voor het leven op aarde!

De waarheid is dat we nog niet eens zijn begonnen met het exploiteren van de natuurlijke hulpbronnen van de aarde. Het hele concept van de Nieuwe Donkere Tijd en de Nieuwe Wereld Orde, van Russell tot Peccei tot Meadows tot Forrester, is fataal gebrekkig en ontworpen om industriële groei, werkgelegenheid en uiteindelijk de eliminatie van de wereldbevolking te vertragen.

(NB: De conferentie van de Verenigde Naties over bevolkingscontrole, die in augustus 1994 in Caïro werd gehouden, was gewoon een uitbreiding van het Global 2000-plan om tegen 2010 2,5 miljard mensen te vermoorden).

Met betrekking tot kernenergie zei de heer Peccei:

> Ik ben pessimistischer en radicaler dan mijn vrienden in mijn oordeel over de nucleaire oplossing. Ik ben niet in een positie om te beoordelen of zelfs maar te raden of zij schoon, veilig en betrouwbaar kan worden gemaakt voor de menselijke samenleving, zoals veel wetenschappers en bijna alle politici en de industrie beweren.

> Maar ik ben bereid te beweren dat wat niet voldoende betrouwbaar, veilig en schoon is, de menselijke samenleving zelf is. Ik heb vele bladzijden gewijd aan het beschrijven van haar staat van wanorde, haar onvermogen om zichzelf te besturen, om rationeel en menselijk te handelen en om de spanningen die haar verscheuren te verlichten, en daarom kan ik niet geloven dat zij in haar huidige staat van kernenergie af kan komen.

Het is bijna een kopie van wat milieugroeperingen zeggen

over kernenergie, die toevallig de goedkoopste, schoonste en veiligste energiebron ter wereld is.

Het is ook een middel om miljoenen nieuwe, stabiele en duurzame banen te creëren.

Ik kan me niet voorstellen dat diezelfde maatschappij binnen enkele decennia in staat zal zijn om enkele duizenden enorme kerncentrales te huisvesten en veilig te beschermen en om zelfs maar een kwart van het dodelijke plutonium-239, tienduizend keer meer dan nodig is om iedereen die nu leeft te doden, over de hele planeet te vervoeren en te verwerken.

De echte problemen zijn niet technisch of economisch, maar politiek, sociaal en cultureel.

Zij die vandaag bedwelmd zijn door kleine doses van de nucleaire harddrug, zoals ik het heb genoemd, en die een programma bevorderen om het over de hele maatschappij te verspreiden, veroordelen in feite hun opvolgers om er morgen volledig mee te leven.

En waarom niet! Kernenergie is de grootste ontdekking die de wereld ooit heeft gekend. Het zal ons bevrijden. Daarom vechten de vijanden van de mensheid, de Club van Rome, op alle fronten om kernenergie te devalueren en de mensen te laten geloven dat het een verschrikkelijk gevaar voor ons is. Kernenergie is veilig. Tot op heden is niemand gedood door kernenergie terwijl hij in een dergelijke centrale werkte.

Het zal ons meer vrijheid geven, het zal onze industriële capaciteit nieuw leven inblazen en het zal ons meer vrijheid geven als individu, omdat miljoenen van ons langdurige, goed betaalde banen zullen hebben. Meer vrijheid is een anathema voor de Club van Rome. De Club van Rome wil minder individuele vrijheid, niet meer. Dit is de kern van de kernenergie kwestie.

Peccei verwierp vervolgens in één zin kernsplijting en zei:

> *De haalbaarheid ervan moet nog worden aangetoond, maar geen enkel toekomstplan kan er momenteel betrouwbaar op worden gebaseerd. Het is onwaarschijnlijk dat energie overvloedig, goedkoop en zonder schade voor het milieu en de samenleving zal worden.*

> *Indien overvloedige, goedkope en schone energie beschikbaar zou zijn, zouden de vooruitzichten voor technologische intensiveringsoplossingen voor voedsel en materialen zeer goed zijn.*

Daar bleef het bij, maar hier wringt de schoen: de Club van Rome wil niet dat wij onze technologische capaciteiten vergroten, meer voedsel produceren of onze levensstandaard verbeteren.

Zij heeft een programma opgesteld met de naam Global 2000, dat oproept tot de dood van 2 miljard mensen tegen 2010, hoewel het laatste cijfer dat ik in het verslag zag, aangeeft dat de Club van Rome tevreden zal zijn als tegen 2010 400 miljoen mensen van de aardbodem zijn weggevaagd.

Peccei maakte duidelijk dat nieuwe wetenschappelijke ontdekkingen en nieuwe technologieën als middel om de materiële vooruitgang te vergroten niet worden gewenst door de Club van Rome, die beweert de enige arbiter te zijn van de mondiale planning in het kader van de NAVO.

Dit, natuurlijk, nadat ze een opstandig Rusland hadden ingenomen en onderworpen. En ik herhaal, wat we vandaag in de wereld zien is een breuk tussen Amerika en Rusland. Peccei gebruikte het kunstmatig gecreëerde olie-embargo van de Arabisch-Israëlische oorlog van 1973 als waarschuwing. Hij zei dat het "veel mensen ertoe bracht zich aan te sluiten bij het denken van de Club van Rome".

Het was inderdaad een startpunt voor veel mensen die braken met hun oude manier van denken en de adviezen van de Club van Rome veel serieuzer namen. Ik heb al gezegd dat deze mensen soms hun mond niet kunnen houden. Hier is een man die openlijk toegeeft dat de Arabisch-Israëlische oorlog van 1973 een kunstmatige situatie was van een vals olietekort in de wereld, en daarmee meer mensen heeft overtuigd dat kleiner beter en mooier is, en dat industriële vooruitgang moet worden beteugeld.

De raison d'être van de Club van Rome is natuurlijk dat het bewijs van deze beweringen, zoals geformuleerd in de Forrester-Meadows-rapporten, voor velen duidelijk werd door het olie-embargo van 1973. In de periode 1973-74 nam de invloed van de Club van Rome op het beleid van veel regeringen dramatisch toe.

Koningin Juliana van Nederland gaf opdracht een tentoonstelling van de ideeën van de Club van Rome in het centrum van Rotterdam op te stellen. Kort daarna vergaderde de Club met de Franse minister van Financiën en richtte de zogenaamde *International Without Reproach op* om de implicaties van het rapport van de Club van Rome te bespreken.

HOOFDSTUK 13

SOMBERE VOORSPELLINGEN

In 1972 werd Peccei door de Raad van Europa uitgenodigd om voor een speciale zitting van Europese parlementariërs een document te presenteren onder de titel "Grenzen aan de groei in perspectief".

Begin 1974 hielden tien leden van de Club van Rome, dankzij het werk van Peccei en de Oostenrijkse kanselier Bruno Krysky - de sociaal-democratische vriend van Willy Brandt - een besloten bijeenkomst met verschillende staatshoofden, waaronder de voormalige Canadese premier Pierre Trudeau, de voormalige Nederlandse premier Joop Den Uyl, de voormalige president van de Zwitserse Confederatie Nello Tiello, vertegenwoordigers van Algerije en Pakistan, en anderen. In de woorden van Peccei is het zaad van de twijfel gezaaid.

Het rapport Forrester-Meadows riep ook zeer sterke tegenstand op van industriëlen en anderen die beseften dat een beleid van nulgroei nooit zou werken voor de Verenigde Staten van Amerika. Als gevolg van dit besef probeerde de Club een tegenbeweging te krijgen onder leiding van M. Misarovick en Edward Pestell, die verklaarden dat het doel van de Club van Rome het programmeren van organische groei was:

"De wereld heeft een kanker en die kanker is de mens", zei de heer Pestell.

Het ROC riep toen op tot een masterplan dat moet leiden tot de schepping van een nieuwe mensheid, met andere woorden een Nieuwe Wereldorde onder leiding van deze mensen.

De Club van Rome zou worden opgericht in verschillende derdewereldlanden, waaronder Iran, Egypte, Venezuela, Mexico en Algerije, waarna deze landen werden uitgenodigd lid te worden, maar dit weigerden.

Een plan van het Instituut voor Opleiding en Onderzoek van de Verenigde Naties, getiteld *"Future Projects"*, geschreven door Irvin Lazlow, lid van de Club van Rome, was een bittere aanklacht tegen industriële groei en stedelijke beschaving. Hij hekelde het huidige industrialisatiebeleid van de Verenigde Staten van Amerika. Hij hekelde de middenklasse en eiste, zoals Lenin vóór hem had gedaan, de totale vernietiging van de Amerikaanse middenklasse, die unieke instelling, dat organisme, dat de Verenigde Staten ervan weerhoudt de weg van de Griekse en Romeinse rijken te volgen.

Hierbij werd Lazlow vakkundig bijgestaan door de betaalde dienaren van het ROC, Cyrus Vance en Henry Kissinger. Veel van de in deze monografie geciteerde socialisten ontmoetten regelmatig Vance en Kissinger.

Zoals ik in een eerder boek heb vermeld, heeft de Club van Rome een project gesponsord om het boek Genesis te herschrijven, ter vervanging van het Bijbelse gebod dat de mens de natuur moet overheersen.

Andere aanhangers van de Club van Rome waren Cyrus Vance en Jimmy Carter zelf, evenals Sol Linowitz, Phillip Klutznick, William Ryan - van de jezuïetenorde van Toronto - en Peter Henriatt, die een expert was in bevrijdingstheologie.

Deze mensen zijn allemaal samengekomen onder de auspiciën van de Club van Rome om een wereldwijde campagne van religieus fundamentalisme te bevorderen, die kan worden gebruikt om de bestaande wereldorde en regeringen te zijner tijd omver te werpen, en dit plan wordt uitgevoerd. Het is gedeeltelijk ingevoerd, maar nog niet volledig ontwikkeld.

Ik wil graag terugkomen op kernenergie. Er is enorme druk tegen kernenergie - en we hebben actie gezien op alle fronten: juridisch, economisch, sociaal en politiek. Maar volgens studies van de West-Duitse Arken Universiteit over de gevolgen van kernwapens, zou, als slechts 10% van de kernwapens van de grootmachten tot ontploffing zou worden gebracht, het bijproduct een zeer aanzienlijke hoeveelheid van de cesium-isotoop bevatten die naar verwachting in het levensproces in de jodiumroute wordt opgenomen. Genoeg van deze radioactieve cesiums zouden gegenereerd kunnen worden om alle getroffen hogere levensvormen wereldwijd te doden.

Maar dit is natuurlijk gewoon weer een horrorverhaal dat door de Club van Rome wordt verspreid, net zoals de angst voor een thermonucleaire oorlog een horrorverhaal is dat wordt gemanipuleerd door hersenkrakers aan beide zijden van de Atlantische Oceaan.

Het idee hierachter is om van de naam "radioactief" een

woord te maken dat bij de meerderheid van de wereldbevolking afschuw oproept. Als gevolg daarvan is de tegen het vreedzame gebruik van kernenergie opgewekte angst zeer, zeer sterk geweest en is men erin geslaagd een aantal grote bouwplannen te doen mislukken en tientallen kerncentrales die de komende tien jaar in de Verenigde Staten zouden worden gebouwd, op te schorten.

Het enige gevaar dat sommige fatsoenlijke mensen nachtmerries bezorgt, is de angst dat een kerncentrale wordt getroffen door een krachtige kernexplosie, of dat een hoogopgeleide anti-kernenergie fanaat inbreekt in de centrale en deze opblaast, wat natuurlijk een secundaire explosie zou veroorzaken.

Pogingen om kerncentrales te saboteren, zoals overtuigend bewijs bij Three Mile Island heeft aangetoond, zullen echter waarschijnlijk niet zulke grote schade aanrichten als de schade die zou worden veroorzaakt door de ontploffing van kernwapens.

Levens worden momenteel bedreigd door tientallen door de mens veroorzaakte virussen, zoals HIV en Ebola, waarbij kernenergie geen rol speelt.

Uit de studie, die gebruik maakt van standaardtechnieken, blijkt dat zelfs volgens de meest conservatieve schattingen meer dan een miljoen banen verloren zijn gegaan door het afstoten van kerncentrales die reeds in aanbouw waren en die welke medio 2008 reeds in bedrijf waren. Toch is er geen enkele persoon gedood door de commerciële productie van splijtingsenergie in de Verenigde Staten! Dat klopt; bij de zogenaamde "kernramp" in de Three Mile Island-centrale, die geen ongeluk was, maar een bewust geplande sabotagedaad, is niet één persoon omgekomen.

In dezelfde periode zijn miljoenen mensen gestorven aan AIDS, en miljoenen anderen zullen sterven, dankzij de genocidale plannen van Global 2000. Meer dan 50.000 mensen sterven elk jaar op de Amerikaanse wegen in auto-ongelukken, maar tot nu toe, in meer dan vier decennia, hebben kerncentrales in de VS geen enkel persoon gedood!

Maar meer dan 100 miljoen levens zijn in gevaar gebracht door de pro-nucleaire krachten van de Club van Rome en de NAVO, die deze natie voortdurend hersenspoelen met een spervuur van anti-nucleaire propaganda.

Het interessante hiervan is het volgende: Het menselijk lichaam zelf produceert zoveel radioactiviteit dat vooraanstaande natuurkundigen enkele jaren geleden voorstelden om niet meer dan twee mensen tegelijkertijd in dezelfde ruimte toe te laten. Aan de andere kant stelt een skitocht in de bergen of een vlucht met een vliegtuig iemand aan veel meer radioactiviteit bloot dan een jaar lang tegen de muur van een kerncentrale leunen.

Een ander interessant punt is dat een kolencentrale per kilowatt meer radioactiviteit in de atmosfeer uitstoot dan een kernsplijtingscentrale. Door uranium te winnen om splijtbare brandstof te verkrijgen, verminderen we in feite de totale hoeveelheid radioactiviteit waaraan we door natuurlijke gevolgen worden blootgesteld.

Momenteel beschermen de bestaande opwerkings- en opruimingsprogramma's de mensheid absoluut tegen elk risico, op voorwaarde natuurlijk dat het materiaal in de opwerkingscyclus van verbranding blijft. En dit is mogelijk.

Daarom waren de anti-nucleaire fanatici die het nucleaire programma van het land saboteerden, trouw aan hun aanklacht tegen de opeenhoping van radioactief brandstofafval. Nu er kweekreactoren in bedrijf komen, kan de fractie onbehandeld afval, die minder dan vijf procent bedraagt, verder worden verminderd. Met behulp van deeltjesbundelprogramma's, zoals uitgevonden en uitgevoerd door het genie van Dr. Edward Teller, kunnen versnelde neutronenbundels worden toegepast op ongewenst afval, en dit kan volledig worden geneutraliseerd door het te transformeren door middel van gecontroleerd neutronenbombardement. Dit is gedaan en kan worden gedaan, en is volledig haalbaar, en zeker niet duur.

Sinds de jaren zeventig hebben we gezien hoe de Club van Rome een niet aflatende oorlog voert tegen kernenergieprogramma's in dit land, die zij ofwel volledig hebben geannuleerd uit vrees voor het milieu, ofwel de financiering van deze faciliteiten hebben ingetrokken, of een combinatie van beide. Het netto-effect van dit alles is dat de bouw van kerncentrales miljarden dollars duurder is geworden en natuurlijk ook de kosten van energieproductie.

Een kerncentrale is normaal gesproken gemakkelijk binnen vier jaar te bouwen, maar als de bouwtijd wordt verdubbeld - zoals in Amerika is gebeurd door verzet van milieuactivisten, lokale overheden en staten - exploderen de bouw- en financieringskosten natuurlijk de uiteindelijke prijs van de centrale.

Deze kostbare vertragingstactiek in combinatie met de hoge rentetarieven van de bankiers van de Club van Rome, die neerkwamen op regelrechte woekerwinsten, leidde ertoe dat de bouw van kerncentrales in de Verenigde Staten vrijwel tot stilstand kwam. In 2008, nu de prijzen van ruwe olie de pan uit rijzen, is het nog crucialer om kerncentrales te bouwen.

Anti-kernenergiecentrales moeten een van de grote succesverhalen van de Club van Rome zijn. Anders zou de industrialisatie van Amerika al met sprongen vooruit zijn gegaan.

Op dit moment, medio 2008, zitten zo'n 15 miljoen Amerikanen zonder werk, zo beweert de regering. Met kerncentrales in volle productie zou dit niet het geval zijn. Kernenergie is per kilowatt de goedkoopste brandstof ter wereld, nu of ooit.

HOOFDSTUK 14

HET BEPERKEN VAN KERNENERGIE

Fusietechnologie is de enige milieuvriendelijke bron van nieuwe energie die nodig is als, en dit is een grote voorwaarde, de Verenigde Staten een gezonde economie en een groeiende industriële basis willen behouden die volledige werkgelegenheid biedt aan hun grote groep geschoolde werknemers. Zonder een gezonde economie en een groeiende industriële basis kunnen de Verenigde Staten geen wereldmacht blijven of zelfs hun huidige wankele positie op de wereldranglijst van militaire machten niet handhaven. Als we de plannen van de Club van Rome kunnen dwarsbomen, zou het land als geheel drie onmiddellijke voordelen genieten:

➢ Er zou een enorme uitbreiding van onze economische infrastructuur komen, met als gevolg de grootste economische boom die de Verenigde Staten ooit hebben gezien.

➢ Het zou werkgelegenheid bieden en de hele Amerikaanse werkloosheid elimineren.

➢ Het zou de winsten van investeerders verhogen. Het zou het ook goedkoper en minder duur maken om energie te produceren in Amerika, zonder dat het de economie een cent meer kost. Stel je de voordelen voor van het niet hoeven importeren van Saudische olie. Onze betalingsbalans zou met sprongen vooruit gaan. In zes maanden zullen onze economie en arbeidsmarkt een verbazingwekkende transitie hebben ondergaan.

Dit alles kan worden bereikt zonder belastingverhogingen. De technologie is er en de wil is er - wat de nationale ontwikkeling in de weg staat is de Club van Rome met zijn georkestreerde beleid van verzet tegen kernenergie.

Daarom is het aan ons om de boodschap over te brengen dat kernenergie niet slecht, maar goed is. Als we vertegenwoordigers in het Congres zouden hebben die de Verenigde Staten op de eerste plaats zouden zetten, en niet hun eigen belangen, zou een kernenergieprogramma kunnen worden gelanceerd, wat zou leiden tot een nieuwe hausse aan hoogtechnologische investeringen, waarbij miljoenen dollars worden geïnvesteerd en honderdduizenden nieuwe banen worden gecreëerd.

We zouden nieuwe industrieën zien ontstaan; we zouden de werkloosheid zien verdwijnen en de levensstandaard van dit land enorm zien stijgen, en onze industriële en economische basis zou ons aanmoedigen om de grootste militaire macht ter wereld te worden.

We zouden nooit meer bang hoeven te zijn voor een aanval van een vreemde mogendheid, en we zouden nooit meer de cycli van hoog- en laagconjunctuur meemaken die de Federal Reserve banken aan de Verenigde Staten opleggen.

Dit staat natuurlijk haaks op het beleid van de Club van Rome. We vechten dus voor onze toekomst, voor ons leven, voor onze kinderen en voor de veiligheid van dit grote land, het laatste bastion van vrijheid in de wereld. Wat heeft geleid tot onze huidige staat van recessie? En laat u niet misleiden door overheidsstatistieken; we zitten in een diepe recessie.

Wat heeft ons in deze droevige toestand gebracht? Zijn de natuurlijke hulpbronnen van dit land ingestort? De meeste mensen moeten zich tegenwoordig realiseren dat gebeurtenissen niet zomaar gebeuren, maar tot stand komen door zorgvuldige planning. De hoofdoorzaak van de ziekte die Amerika teistert, is het feit dat de opeenvolgende regeringen, na die van president Roosevelt, er niet op hebben aangedrongen dat Groot-Brittannië de Verenigde Staten als een afzonderlijk, onafhankelijk en soeverein land behandelt, in plaats van het via de Club van Rome en het Internationaal Monetair Fonds de wil van het Comité van 300 op te leggen, zoals zij hebben gedaan sinds de speciale overeenkomst die Winston Churchill en F.D. Roosevelt in 1938 hebben gesloten.

Natuurlijk begon de "speciale overeenkomst" al veel eerder. Sommige mensen hebben mij geschreven en gezegd: "Je moet je vergissen, want Churchill was niet eens premier van Engeland in 1938."

Zeker, maar sinds wanneer geven deze mensen om titels? Toen het beruchte Balfour-verdrag werd overeengekomen, gingen deze mensen toen naar de Britse premier, die ogenschijnlijk Groot-Brittannië controleerde? Nee, in plaats daarvan dienden ze een lang memorandum in bij Lord Rothschild, en het was Lord Rothschild die de definitieve versie van het verdrag opstelde dat Palestina aan de Zionisten gaf, waar Groot-Brittannië geen recht op had, omdat het niet aan hen toebehoorde.

We zagen hetzelfde gebeuren met Roosevelt en Churchill. Churchill was geen premier in 1938, maar dat weerhield hem er niet van te onderhandelen namens de mensen die hem naar hun hand zetten: het Comité van 300. Churchill was opgeleid tijdens de Boerenoorlog in Zuid-Afrika, en was zijn hele leven lid en boodschapper van deze elitegroep.

Een indicatie van het soort strategie van Groot-Brittannië is te vinden in het boek dat aan het einde van de Tweede Wereldoorlog werd gepubliceerd door Elliot Roosevelt, zoon en assistent van Franklin Roosevelt, getiteld *As I Saw It*.

Elliot Roosevelt noteerde de hoofdlijnen van Franklin Roosevelt die het naoorlogse Amerikaanse beleid aan Churchill uiteenzette. Natuurlijk was Churchill niet van plan hem te volgen; hij wist heel goed dat de macht om Roosevelts voorstellen ongedaan te maken, wat ze ook mochten zijn, toebehoorde aan het Comité van 300 dat Amerika bestuurde.

Britse socialistische veranderingsagenten infiltreerden de Verenigde Staten bij tientallen, waaronder Walter Lippmann, die de belangrijkste propagandist van Tavistock was. Het was Lippmann die Lord John Maynard Keynes, de "geweldige" econoom, introduceerde in een nietsvermoedend Amerika, en het was de Keynesiaanse economie die de Amerikaanse economie ruïneerde.

Het was Keynes die systemen introduceerde zoals speciale trekkingsrechten, de "multiplier"-theorie en andere groteske immorele, slechte en verachtelijke onrechtvaardigheden die aan bijna de gehele mensheid werden opgelegd door de kleine minderheid die de wereld regeert. En we moeten beseffen dat dit geen holle frase is. Deze mensen besturen de wereld en het heeft geen zin om te zeggen: "Dit is Amerika en wij hebben een grondwet en dat kan hier niet gebeuren".

De grondwet van de Verenigde Staten is met voeten getreden en volledig ondermijnd, zodat hij nu vrijwel geen kracht of effect meer heeft.

Rockefeller creëerde de buitenlandse hulp zwendel. Het is de grootste zwendel die de wereld ooit heeft gezien, buiten de Federal Reserve banken. Het maakt landen volledig afhankelijk van Amerikaanse hulp, die twee doelen dient:

> ➢ Hierdoor blijven deze landen onderworpen aan de wil van hun meesters binnen de Council on Foreign Relations.

> ➢ Het belast de Amerikaanse belastingbetaler boven zijn vermogen om te betalen en houdt hem zo bezig met zijn broodwinning om het hoofd boven water te houden dat hij geen tijd heeft om om zich heen te kijken naar de oorzaak van zijn ellende. Dit systeem begon in 1946.

Kissinger introduceerde het hooliganisme in de wereldpolitiek. Julius Klein van de OSS gaf Kissinger zijn baan in het leger als chauffeur van generaal Kramer. Kissinger gedraagt zich als een hooligan in de wereldpolitiek sinds de Britten hem overnamen en heeft het Amerikaanse imago en het publiek veel gekost.

Het was vooral het werk van Kissinger dat leidde tot de lijdensweg van miljoenen hongerende mensen in Afrika en dat naties deed buigen en hun soevereine integriteit opgaf.

Het is ongelooflijk, en het had drie of vier jaar geleden nooit kunnen gebeuren, maar het gebeurt op dit moment, recht onder onze neus, in Brazilië, Mexico en Argentinië, waar het IMF, de illegale organisatie van één wereldregering, het bastaardkind van de Club van Rome, landen dwingt de knie te buigen en hun soevereine integriteit en hun grondstoffen op te geven, of failliet te gaan.

Deze unieke internationale bank is opgericht om elk zwak land van zijn natuurlijke rijkdommen te beroven, te strippen en te ontdoen. Dat is waar het IMF om draait. Het IMF is een van de sleutelfactoren in het vermogen van de Club van Rome om zoveel landen te domineren.

Nu denk ik niet dat ik beter weet dan deze senatoren en congresleden in Washington en ik verdien niets vergelijkbaars met hun salarissen, maar toch steunen deze zogenaamde vertegenwoordigers van Wij het Volk de ongrondwettelijke financiering van het bandiet Internationaal Monetair Fonds, dat uiteindelijk het krediet- en monetaire beleid van de Verenigde Staten zal overnemen en het volk tot slaaf zal maken in een éénwereldstaat.

Onze vertegenwoordigers - *als ze ooit onze vertegenwoordigers waren - zouden met* een pennenstreek orde en stabiliteit in de Verenigde Staten kunnen brengen, als we maar een handvol wetgevers hadden die bereid waren de Grondwet te gehoorzamen. We zouden een nieuwe industrialisatie van dit land kunnen beginnen door de Federal Reserve Board af te schaffen; door een besluit te nemen over een eerlijk distributiesysteem en door kernenergie in te voeren, niet alleen in dit land, maar in alle ontwikkelingslanden.

Ik denk dat we een periode van utopie voor deze wereld tegemoet gaan, zoals we nog nooit eerder hebben gezien. Dit is natuurlijk volledig in tegenspraak met de plannen van de Club van Rome, niet alleen voor dit land, maar ook voor de rest van de wereld.

Er zijn verschillende interessante aspecten aan het werk van de Club van Rome, waarvan één, zoals ik al eerder zei, het genocidale plan Global 2000 is, dat gebaseerd is op het rapport van de Draper Fund Population Crisis Committee, gesteund door generaal Maxwell Taylor en andere militairen.

Voor degenen onder u die mij vragen hebben gesteld over bepaalde mensen in het leger, stel ik voor dat u hen vraagt of zij de bevindingen van de Draper Fund Population Crisis Committee en het genocidale Global 2000 rapport steunen.

Generaal Taylor gaat uit van de belachelijke veronderstelling waar alle Malthusianen van uitgaan, namelijk dat rijkdom voortkomt uit natuurlijke hulpbronnen. Generaal Taylor stelt dat de bevolking van ontwikkelingslanden te veel van de grondstoffen verbruikt die de elite in de komende eeuwen nodig zal hebben.

HOOFDSTUK 15

ALGEMEEN VERSLAG 2000

Daarom, zo luidt het argument, moeten we nu handelen om de consumptie zo laag mogelijk te houden door de toegang tot technologie te beperken en voedsel schaars te houden.

We moeten bereid zijn de bevolking van de derde wereld te laten verhongeren, zodat de grondstoffen van hun landen niet door de eigen bevolking worden opgeslokt, maar beschikbaar zijn voor de wereldleiders.

Dit is de onderliggende premisse van het Global 2000 rapport en van General Maxwell Taylor's Draper Fund Population Crisis Committee. Niet verrassend was Robert McNamara betrokken bij deze redenering.

We kennen immers de rol van McNamara in Vietnam, en we kennen misschien minder de rol van de Club van Rome bij het formuleren van een beleid van genocide, dat werd uitgevoerd door het regime van Pol Pot in Cambodja.

Dit complot werd uitgebroed en in gang gezet in Cambodja als een experiment. En denk niet dat hetzelfde niet kan gebeuren in Amerika; het kan en zal gebeuren. Taylor en McNamara waren grote voorstanders van het inzetten van de NAVO buiten haar operatiegebied (Europa), in strijd met haar handvest dat haar verplichtte alleen in Europa te opereren.

Met andere woorden, dankzij de NAVO-troepen zullen recalcitrante landen worden gedwongen hun woekerschulden aan het IMF te betalen, onder dreiging van een invasie. Dit is echt de kern van de zaak, een bedreiging voor beschaafd gedrag.

Onze beschaving en ons erfgoed staan op het spel; overgeleverd door de Solonen van Athene en de republieken van de Ionische stadstaat, kunnen we de impuls tot regeren traceren.

Wij moeten ons richten naar het boek Genesis, "wees vruchtbaar en vermenigvuldig u, vul de aarde en onderwerp haar". Wij kunnen het menselijk leven vergroten en in stand houden en het uitstekend en veel beter maken dan het nu is. Niet voor de weinigen die de esoterische regels en geheime wetten van sekte en occultisme kennen, maar voor de meerderheid, de grote meerderheid die Christus zei te zijn komen bevrijden, en nogmaals, ik gebruik dit strikt in een niet-religieuze context.

Wij moeten onszelf besturen onder de invloed van de christelijke beginselen, die door Christus worden geïllustreerd, onze rationele geestesvermogens vervolmaken en ons geloof in God, een levende God, tot uitdrukking brengen, die het menselijk leven altijd als heilig zal behandelen.

We mogen niet toestaan dat deze occulte zwarte magie artiesten ons doen geloven dat de mensheid een massa is. Dit is een leugen. De mensheid is geen massa; het idee dat ieder van ons een individu is, blijkt juist uit het feit dat we individuele vingerafdrukken hebben.

Geen twee sets vingerafdrukken in de wereld zijn identiek. We zijn dus geen massa mensen, we zijn individuen. We moeten technologische informatie verzamelen en deze goed gebruiken voordat de Club van Rome ons reduceert tot een brabbelende troep gemakkelijk te beheren sub-mensen, volledig afhankelijk van hen voor aalmoezen en voor ons bestaan, dat zeer mager belooft te worden.

Elke leider van een natie die de cultus van het Malthusiaanse beleid van de Club van Rome aanvaardt, wat eenvoudigweg betekent dat slechts enkelen mogen profiteren ten koste van velen, veroordeelt zichzelf en zijn volk tot duizend jaar slavernij.

Onder Malthusiaanse dwang kan geen enkele natie zich ontwikkelen of groeien, omdat zij dan de natuurlijke hulpbronnen verbruikt die volgens de Club van Rome toebehoren aan een minderheid, de heersende klasse. Een dergelijke natie is gedoemd ten onder te gaan, omdat de kwade invloeden die een dergelijk beleid volgen, niet kunnen overleven in het daglicht.

Dit is wat er achter de zogenaamde "voorwaarden" zit die het IMF aan Brazilië en Mexico heeft opgelegd. Het IMF wil eigenlijk dat deze landen arm blijven.

Daardoor worden de voorwaarden van de leningen zo onhaalbaar dat de naties uitgeput raken van hun pogingen om de rente terug te betalen. Op deze manier geven ze zich met lichaam en ziel over aan het dictaat en de controle van het IMF, dat, zoals ik al zei, de financiële tak is van de Club van Rome. We mogen niet werkeloos toezien en deze dingen laten gebeuren.

De Club van Rome weet heel goed, ook al weten onze medeburgers dat niet, dat alle welvarende industrielanden van de 19e eeuw, met uitzondering van Groot-Brittannië, gemotiveerd werden door het Amerikaanse systeem van politieke economie en toch onderwijst geen enkele Amerikaanse universiteit het vandaag. Ze zijn bang om het te onderwijzen.

De socialisten, professor Laski van de Fabian Society, verboden het. Maar we zien het voor onze ogen - alleen in Japan wordt het Amerikaanse systeem nog succesvol toegepast. Dit verklaart de schijnbare superioriteit van de Japanse economie over die van Amerika. Wij zijn gedwongen ons eigen Amerikaanse systeem van politieke economie op te geven ten gunste van het idee van de zwarte adel over hoe de dingen gerund moeten worden, wat wereldsocialisme in actie is.

Maar Japan heeft zich teruggetrokken. De prestaties van de Japanse economie bewijzen dat het Amerikaanse systeem werkt als je het een kans geeft. Maar de Verenigde Staten hebben deze kanker in hun samenleving, genaamd de Club van Rome, die de regering blokkeert, onze wetgevers tegenhoudt, vooruitgang in kernenergie blokkeert, onze staalfabrieken, onze auto-industrie en onze huizenindustrie vernietigt, terwijl de Japanners vooruitgaan. Natuurlijk staat ook hen een grote tegenslag te wachten, en zodra de Club van Rome zich sterk genoeg voelt, zal hij zijn aandacht richten op de Japanners, die hetzelfde lot zullen ondergaan.

We mogen dit niet laten gebeuren. We moeten vechten om Amerika een beschaafde en industriële natie te houden. We moeten leiders vinden die weer het beleid van George Washington volgen en, wat de politieke economie betreft, de Keynes, Laski, Kissinger en de familie Bush verdrijven die dit land op de rand van de afgrond hebben gebracht.

De geschiedenis leert ons dat het christendom is ontstaan als een institutionele kracht tegenover de machten van de duisternis. Christus zei: "Ik ben gekomen om u licht en vrijheid te geven".

Het was gericht op mensen die in die tijd door de farizeïsche minderheidselite als het uitschot van de samenleving werden beschouwd.

HOOFDSTUK 16

ZWARTE NOBILITEIT

Het christendom bracht de krachtigste vorm van beschaving voort op het gebied van staatkunde en cultuur, en daarom is de Club van Rome zo fel gekant tegen de christelijke leer. Voor zover ik weet, werd de laatste poging om een enkele staat van het westerse christendom te stichten rond 1268 n.c. neergeslagen door de Zwarte Welfen onder leiding van de Venetianen, die de strijdkrachten verbonden aan Dante Alighieri, de grote Italiaanse dichter, versloegen.

In Europa werden vele pogingen ondernomen om een nieuw type staat te creëren. De soevereine republiek van de natiestaat is gebaseerd op het gemeenschappelijk gebruik van een gemeenschappelijke taal, ter vervanging van de dialecten, die toen gangbaar waren. De opvatting van Dante was goed en hield stand tot ze werd verslagen, wat, zoals we weten, het directe gevolg was van de verplettering van de republikeinse krachten in Engeland door de vestiging, in 1603, van de Britse monarchie onder de Venetiaanse marionet James I.

We weten dat daarom alles in het werk werd gesteld om deze nieuwe vorm van nationaal republicanisme de kop in te drukken. Die oorlog duurt voort tot op de dag van vandaag. De Amerikaanse Onafhankelijkheidsoorlog is nooit geëindigd. Het is een voortdurende "strijd" sinds

1776, en sindsdien heeft Amerika twee grote veldslagen verloren:

In 1913 werden we verslagen door twee daden van de federale regering: de invoering van een progressieve inkomstenbelasting - een marxistische doctrine - en de oprichting van de Federal Reserve Banks, een particulier bankmonopolie.

Maar zelfs daarvoor werden aan de Amerikaanse Republiek verschrikkelijke slagen toegebracht door de passage van de "specie resumption act" in 1876-1879, toen de Verenigde Staten hun soevereiniteit over hun nationale kredietvaluta en schuldenbeleid opgaven en het monetaire beleid van de jonge Republiek overleverden aan de genade van de internationale bankiers van de goudbeurs in Londen. De interne macht over onze monetaire zaken werd vervolgens steeds meer overgeleverd aan de machtige agenten van de Britse en Zwitserse bankiers, via August Belmont, een familielid van de Rothschilds die hem naar de Verenigde Staten stuurden om hun belangen te verdedigen, en de J.P. Morgan dynastie.

Hoewel het Londense goudwisselsysteem zelf in opeenvolgende fasen tussen de Eerste en de Tweede Wereldoorlog ineenstortte, vestigden de Anglo-Zwitserse Venetiaanse Fondi, d.w.z. de mensen met het geld, een virtueel dictatorschap over de mondiale monetaire zaken onder de Bretton-Woods overeenkomsten, de zwendel van de eeuw.

De Verenigde Staten hebben de macht om al deze ketens die hun mensen binden te vernietigen; dat kan, en het zou kunnen, als we maar wetgevers zouden kiezen die hun land boven hun eigen persoonlijke belangen zouden stellen en zouden beginnen met het vernietigen van dit monstrum dat socialisme heet, en dat we nu de Club van Rome noemen.

Een aantal mensen heeft mij gevraagd: "Als het waar is wat u zegt, waarom onderwijzen onze universiteiten en scholen dan niet het soort economie waar u het over heeft?".

Laat mij erop wijzen dat de lange eeuwenlange dictatuur van Londen en de Zwitserse bankiers over het monetaire systeem en de zaken van de wereld de absolute nummer één reden is waarom geen enkele afdeling of economische school aan enige Amerikaanse universiteit correcte economie onderwijst of het monetaire systeem van bimetallisme verdedigt waarop onze Republiek, de Verenigde Staten van Amerika, is gesticht en dat de Verenigde Staten tot het rijkste en best geleide land ter wereld heeft gemaakt.

Als echte economie werd onderwezen, zou het socialisme verdwijnen. Studenten zouden precies zien wat er mis is met dit land en zoeken waar de schuld ligt.

Zolang wij, als natie, de illegale ondermijning van onze soevereiniteit door politieke en economische beslissingen toestaan en ons ondergeschikt maken aan supranationale monetaire instellingen zoals het IMF en de Bank voor Internationale Betalingen, zolang de Amerikaanse Orde van Advocaten, "onze" advocaten, "onze" regering, "onze" leden van het Congres en "onze" particuliere economie blijven toegeven aan deze subversieve monetaire instellingen, deze supranationale financiële instellingen, zal ons land ten dode zijn opgeschreven.

We zouden een supranationale instelling niet moeten behagen, of de regels moeten volgen die zij ons wil voorschrijven. Onlangs nog zagen we hoe het Congres meeging in het duivelse plan om dat verachtelijke Laski-Keynes en socialistisch geïnspireerde instituut, het Internationaal Monetair Fonds, te redden.

We moeten onze medeburgers leren wat er precies aan de hand is met het IMF en de Club van Rome. Economie is niet zo'n ingewikkeld onderwerp. Als je eenmaal de principes begrijpt, is het vrij eenvoudig te volgen. Ik zal u een paar voorbeelden geven van hoe we onszelf hebben verraden door toe te staan dat de dictaten van socialistische internationale supranationale organisaties zich als een kankergezwel aan onze natie opdringen.

Laten we de periode onmiddellijk na de Tweede Wereldoorlog als voorbeeld nemen: ongeveer 62% van onze nationale arbeidskrachten was werkzaam in de productie van materiële goederen of in het vervoer van deze goederen. Als we de officiële statistieken gebruiken - die in het beste geval zeer onbetrouwbaar zijn - is tegenwoordig minder dan 30% van onze beroepsbevolking op dit niveau werkzaam. De werkloosheid bedraagt ongeveer 20%. De verandering in de werkgelegenheidssamenstelling van de nationale beroepsbevolking is de onderliggende oorzaak van de inflatie. Daar ligt het probleem.

Als we naar de geschiedenis kijken, met name naar de jaren 1870, zien we een algemene daling van de productiekosten van goederen, een deflatoire cyclus in de voortgang van de welvaartsproductie, voornamelijk veroorzaakt door de invloed van het Amerikaanse systeem van politieke economie, dat technologische vooruitgang in de vorm van industriële vooruitgang en verhoogde landbouwproductiviteit bevorderde. Maar sinds het Londense goudwisselsysteem in de jaren 1880 de controle over de monetaire zaken van de wereld in handen van een handvol mensen kreeg, volgden vreselijke depressies elkaar snel op, afgewisseld met lange inflatiespiralen.

Het is het directe product van de Malthusiaanse krachten die deze wereld beheersen en die geassocieerd worden met de doctrines van John Stewart Mill, Harold Laski en John Maynard Keynes. Het beleid van de zogenaamde vrijemarkteconomie doet niets anders dan de speculatieve investeringen in fictieve vormen van huurkapitalisatie en woeker door rentenier-financiers verhogen ten koste van investeringen in echte technologie en de echte progressieve productie van echte, tastbare goederen.

Daarom zeg ik tegen al mijn vrienden: "Blijf weg van de beurs". De beurs is een fictieve ruimte voor speculatieve investeringen, en geen ruimte waar geld wordt geïnvesteerd in technologische vooruitgang voor de productie van tastbare goederen op een progressieve en ordelijke manier.

Bijgevolg moet de beurs instorten. Het kan niet eeuwig volgehouden worden, noch kan het eeuwig in stand gehouden worden. Het is een luchtbel van hete lucht, die op een dag zal leeglopen, en wanneer dat gebeurt, zullen velen de gevolgen ondervinden.

De kunst is om de mensen nu te laten luisteren, voordat het gebeurt. Onder impuls van de Club van Rome verschoof de kredietstroom van de productie van goederen en landbouwproductie naar vormen van financiële investeringen die geen goederen opleverden. Natuurlijk creëerde dit enorme problemen voor het land.

De verandering in de samenstelling van financiële stromen en werkgelegenheid is de oorzaak geweest van zowel periodieke grote depressies als langdurige inflatoire bewegingen die zijn ingebouwd in wat nu ons economisch systeem is. Het was niet mijn bedoeling om van dit artikel een uiteenzetting van economische feiten te maken, maar het is soms nodig om deze zaken onder onze aandacht te brengen. Er is een kwade kracht aan het werk in Amerika vandaag, en die heet socialisme, namens welke de Club van Rome handelt.

Het is een organisatie gewijd aan de vernietiging van de Verenigde Staten van Amerika zoals wij die kennen. Het is een organisatie gewijd aan de komst van de Nieuwe Wereld Orde waarin de zogenaamde bevoorrechte weinigen, het Comité van 300, de wereld zullen regeren.

Ons lot zal zeker bezegeld zijn, tenzij we mensen van goede wil bijeen kunnen brengen en een verandering in het beleid van onze regering kunnen afdwingen. Dit kan alleen door schoon schip te maken, de stallen van Augias op te ruimen en geheime organisaties zoals de Club van Rome op te heffen, zodat zij niet langer de gang van zaken kunnen dicteren en de toekomst van dit grote land kunnen bepalen. Zolang we dit niet doen, stevenen we af op slavernij in een één-wereld regering - de Nieuwe Wereld Orde.

Reeds gepubliceerd

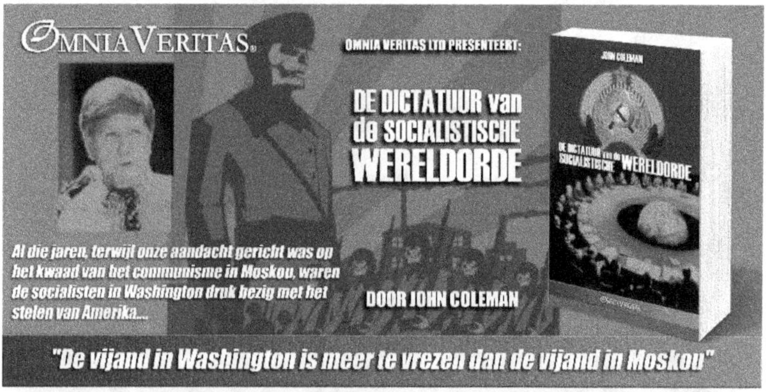

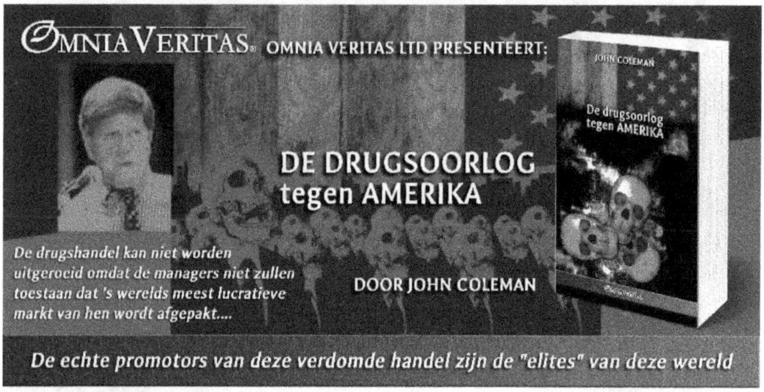

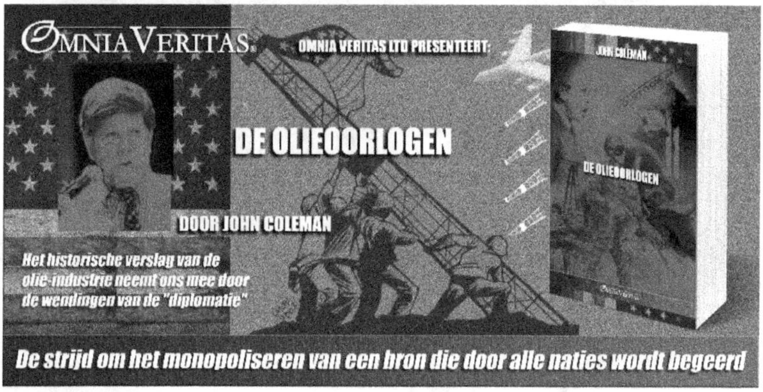

www.ingramcontent.com/pod-product-compliance
Lightning Source LLC
Chambersburg PA
CBHW072205270326
41930CB00011B/2535